वार्षिक राशिफल २०२२

पण्डित अनिल कुमार पाण्डेय

ISBN 979-888546957-9

पृथ्वी पर स्थित सभी जीवो को समर्पित
मेरे मित्रों, मेरे अपनों को समर्पित

क्रम-सूची

मेष राशि के जातकों का वर्ष 2022 का वार्षिक राशिफल ।

वृष राशि के जातकों का वर्ष 2022 का वार्षिक राशिफल ।

मिथुन राशि के जातकों का वर्ष 2022 का वार्षिक राशि फल।

कर्क राशि के जातकों का वर्ष 2022 का वार्षिक राशिफल ।

सिंह राशि के जातकों का वर्ष 2022 का वार्षिक राशिफल ।

कन्या राशि के जातकों का वर्ष 2022 का वार्षिक राशिफल ।

तुला राशि के जातकों का वर्ष 2022 का वार्षिक राशि फल।

वृश्चिक राशि के जातकों का वर्ष 2022 का वार्षिक राशि फल।

धनु राशि के जातकों का वर्ष 2022 का वार्षिक राशि फल।

मकर राशि के जातकों का वर्ष 2022 का वार्षिक राशि फल।

कुंभ राशि के जातकों का वर्ष 2022 का वार्षिक राशिफल ।

मीन राशि के जातकों का वर्ष 2022 का वार्षिक राशि फल।

प्रस्तावना

वैज्ञानिक पृथ्वी की आयु 4 प्रकार से निकालते हैं। पहली गणना परतदार चट्टानों के निर्माण की गति से की जाती है। इस गणना के अनुसार पृथ्वी की आयु 5 करोड़ 42 लाख वर्ष होती है जिसे कि वैज्ञानिकों ने बाद में अमान्य कर दिया ।

दूसरी प्रक्रिया है जिसमें पृथ्वी के तापमान को आधार बना करके पृथ्वी की आयु निकाली गई और यह 10 वर्ष करोड़ वर्ष प्राप्त हुई । इसे भी वैज्ञानिकों द्वारा अमान्य कर दिया गया।

तीसरी प्रक्रिया के अनुसार रेडियो सक्रिय तत्वों के विघटन के आधार पर पृथ्वी की आयु निकाली गई है वर्तमान में रो प्रमाणिक माना जा रहा है। इसके अनुसार पृथ्वी के पहले योग योग जिसे हैडियन युग कहा जाता है 4.53 Ga वर्ष पहले हुआ था। हैडियन युग में ही पृथ्वी का एक भाग अंतरिक्ष में उछल गया और वह चंद्रमा कहलाया। हे डियर न्यू के दौरान एशियन युग के दौरान पृथ्वी की सतह पर लगातार उल्कापात होता रहा और बड़ी मात्रा में उष्मा के प्रभाव तथा भू उष्मीय अनुपात के कारण ज्वालामुखी यों का विस्फोट हुआ और जर्कान कण बने । इस युग का अंत 3.8 Ga आस पास हुआ। रेडियोएक्टिव पदार्थों के अर्धवार्षिक आयु के गणना से पृथ्वी की आयु 4.54 अरबवर्ष पहले हुई । चंद्रमा की आयु 4.52 या 4.48 अरब वर्ष मानी जाती है ।

आमुख

पण्डित अनिल कुमार पाण्डेय एस्ट्रो साइंटिस्ट और वास्तु शास्त्री जी का जन्म ०१ जनवरी सन १९५८ उत्तरप्रदेश के बलिया डिस्ट्रिक्ट में हुआ| इनके पिता का नाम श्री राजेंद्र प्रसाद पांडेय है | पण्डित अनिल कुमार पाण्डेय ने इंजीनियरिंग की उपाधि सन १९७९ में प्राप्त की और इन्होने अपनी सेवाएं मध्यप्रदेश विद्युत मंडल में दी तथा मई २०२० में मुख्य अभियंता के पद से सेवा-निवृत्ति हुए | पांडेय जी के परिवार में पीढ़ियों से ही ज्योतिष का कार्य चलता आ रहा है जिन्हे पण्डित अनिल कुमार पाण्डेय जी भी पूरी श्रद्धा और समर्पण से कर रहे हैं |

पण्डित अनिल कुमार पाण्डेय
सेवानिवृत्त मुख्य अभियंता
एस्ट्रो साइंटिस्ट और वास्तु शास्त्री
स्टेट बैंक कॉलोनी मकरोनिया
सागर। 470004
मो 7566503333

1

वार्षिक राशिफल २०२२

वैज्ञानिक पृथ्वी की आयु 4 प्रकार से निकालते हैं। पहली गणना परतदार चट्टानों के निर्माण की गति से की जाती है। इस गणना के अनुसार पृथ्वी की आयु 5 करोड़ 42 लाख वर्ष होती है जिसे कि वैज्ञानिकों ने बाद में अमान्य कर दिया ।

दूसरी प्रक्रिया है जिसमें पृथ्वी के तापमान को आधार बना करके पृथ्वी की आयु निकाली गई और यह 10 वर्ष करोड़ वर्ष प्राप्त हुई । इसे भी वैज्ञानिकों द्वारा अमान्य कर दिया गया।

तीसरी प्रक्रिया के अनुसार रेडियो सक्रिय तत्वों के विघटन के आधार पर पृथ्वी की आयु निकाली गई है वर्तमान में से प्रमाणिक माना जा रहा है। इसके अनुसार पृथ्वी के पहले योग योग जिसे हैडियन युग कहा जाता है 4.53 Ga वर्ष पहले हुआ था। हैडियन युग में ही पृथ्वी का एक भाग अंतरिक्ष में उछल गया और वह चंद्रमा कहलाया। हे डियर न्यू के दौरान एशियन युग के दौरान पृथ्वी की सतह पर लगातार उल्कापात होता रहा और बड़ी मात्रा में उष्मा के प्रभाव तथा भू उष्मीय अनुपात के कारण ज्वालामुखी यों का विस्फोट हुआ और जर्कान कण बने । इस युग का अंत 3.8 Ga आस पास हुआ। रेडियोएक्टिव पदार्थों के अर्धवार्षिक आयु के गणना से पृथ्वी की आयु 4.54 अरबवर्ष पहले हुई । चंद्रमा की आयु

4.52 या 4.48 अरब वर्ष मानी जाती है ।

पृथ्वी पर जीवन का प्रारंभ लुका कोशिका द्वारा 3.5 अरब वर्ष पहले माना जाता है। इसका अर्थ है पहला जीवन लुका कोशिका का था जोकि 3.5 अरब वर्ष पहले हुआ था। यह लुका कोशिका आज के पृथ्वी पर पाए जाने वाले सभी जीवित पदार्थों का पूर्वज है।

इसके उपरांत प्रोटेरोज़ोइक युग आया । यह युग 2.5 अरब वर्ष से 54.2 करोड़ वर्ष तक चला। इस समयावधि में पृथ्वी पर दो भीषण आए हिमयुग आए और पृथ्वी पर ऑक्सीजन का वातावरण निर्मित हुआ । जीवन की गति प्रारंभ हुई। इसके उपरांत निम्नानुसार जीवन की गति बढ़ी ।

1-54.2 से 48.8 करोड़ वर्ष के बीच में जीवन की उत्पत्ति अत्यंत तीव्र गति से हुई और मछली की तरह के किसी जन्तु का प्रादुर्भाव हुआ।

2-38.0 से 37.5 करोड़ों वर्ष के बीच चतुर प्राणी का विकास हुआ।

3-36.5 करोड़ वर्ष पर वनस्पतियां बनी।

4-25.0 से 15.7 करोड़ वर्ष के बीच डायनासोर बने।

5-60 करोड़ से 20 करोड़ वर्ष के बीच वानर से मानव का विकास हुआ।

6-200000 वर्ष पूर्व वर्तमान मानव अस्तित्व में आया।

अब हम विभिन्न धर्मों के अनुसार पृथ्वी के आयु के बारे में चर्चा करते हैं।

ईसाई धर्म के अनुसार आदम से लेकर ईसा मसीह तक समस्त ईश्वर के पैगंबर की उम्र की गणना अगर की जाए तो 3572 वर्ष +2021 वर्ष पूर्व आदम इस धरती पर आए थे। इसके अलावा ईसाई धर्म के अन्य विचारधारा के अनुसार 7200 वर्ष पैगंबर आदम इस धरती पर आए थे। अर्थात मानव 7200 वर्ष पहले धरती पर आया था ।

इस्लाम धर्म में सीधे-सीधे कहीं भी नहीं लिखा गया है कि पृथ्वी कितने साल पुरानी है।

अब हम हिंदू धर्म के अनुसार पृथ्वी के आयु के बारे में चर्चा करेंगे और विज्ञान से इसकी तुलना करेंगे।

भारतीय ज्योतिष विज्ञान के अनुसार समय की गणना एक महत्वपूर्ण कार्य है । किसी भी हिंदू आयोजन में सबसे पहले संकल्प किया जाता है जिसमें संकल्प का समय एवं स्थान आदि पूर्णतया परिभाषित होता है। संकल्प निम्नानुसार होता है।

ॐ विष्णुर्विष्णुर्विष्णुः । श्रीमद्भगवतो महापुरुषस्य विष्णोराज्ञया प्रवर्तमानस्य अद्यैतस्य ब्रह्मणोहिन द्विितीये परार्ध श्रीश्वेतवाराहकल्पे वैवस्वतमन्वन्तरे अष्टाविंशतितमे युगे कलियुगे कलिप्रथमचरणे भूर्लोके भारतवर्षे जम्बूद्विपे भरतखण्डे आर्यावर्तान्तर्गतब्रह्मावर्तस्य .... क्षेत्रे .... मण्डलान्तरगते .... नाम्निनगरे (ग्रामे वा) श्रीगङ्गगायाः .... (उत्तरे/दक्षिणे) दिग्भागे देवब्राह्मणानां सन्निधौ श्रीमन्नृपतिवीरविक्रमादित्यसमयतः .... संख्या -परिमिते प्रवर्त्तमानसंवत्सरे प्रभवादिषष्ठि -संवत्सराणां मध्ये .... नामसंवत्सरे, ... अयने, ... ऋतौ, ... मासे, ... पक्षे, ... तिथौ, ... वासरे, ... नक्षत्रे, ... योगे, ... करणे, ... राशिस्थिते चन्द्रे, ... राशिस्थितेश्रीसूर्ये, ... देवगुरौ शेषेषु ग्रहेषु यथायथा राशिस्थानस्थितेषु सत्सु एवं ग्रहगुणविशेषणविशिष्टायां शुभपुण्यतिथौ .... गोत्रोत्पन्नस्य .... शर्मणः (वर्मणः, गुप्तस्य वा) सपरिवारस्य ममात्मनः श्रुति-स्मृति-पुराणोक्त-पुण्य-फलावाप्त्यर्थं ममऐश्वर्याभिः वृद्धयर्थं।

संकल्प में पहला शब्द द्विितीये परार्ध आया है । श्रीमद भगवत पुराण के अनुसार ब्रह्मा जी की आयु 100 वर्ष की है जिसमें से की पूर्व परार्ध अर्थात 50 वर्ष बीत चुके हैं तथा दूसरा परार्ध प्रारंभ हो चुका है। त्रैलोक्य की सृष्टि ब्रह्मा जी के दिन प्रारंभ होने से होती है और दिन समाप्त होने पर उतनी ही लंबी रात्रि होती है । एक दिन एक कल्प कहलाता है।

यह एक दिन 1. स्वायम्भुव, 2. स्वारोचिष, 3. उत्तम, 4. तामस, 5. रैवत, 6. चाक्षुष, 7. वैवस्वत, 8. सावर्णिक, 9. दक्ष सावर्णिक, 10. ब्रह्म सावर्णिक, 11. धर्म सावर्णिक, 12. रुद्र सावर्णिक, 13. देव सावर्णिक और 14. इन्द्र सावर्णिक- इन 14 मन्वंतरों में विभाजित किया गया

है। इनमें से 7वां वैवस्वत मन्वंतर चल रहा है। 1 मन्वंतर 1000/14 चतुर्युगों के बराबर अर्थात 71.42 चतुर्युगों के बराबर होती है।

भिन्न संख्या पृथ्वी के 27.25 प्रतिशत झुके होने और 365.25 दिन में पृथ्वी की परिक्रमा करने के कारण होती है। दशमलव के बाद के अंक को सिद्धांत के अनुसार दो मन्वन्तर के बीच के काल के अनुसार जिसका परिमाण 4,800 दिव्य वर्ष (सतयुग काल) माना गया है। इस प्रकार मन्वंतरों का काल=14*71=994 चतुर्युग हुआ।

हम जानते हैं कि कलयुग 432000 वर्ष का होता है इसका दोगुना द्वापर युग 3 गुना त्रेतायुग एवं चार गुना सतयुग होता है। इस प्रकार एक महायुग 43 लाख 20 हजार वर्ष का होता है।

71 महायुग मिलकर एक मन्वंतर बनाते हैं जोकि 30 करोड़ 67 लाख 20 हजार वर्ष का हुआ। प्रलयकाल या संधिकाल जो कि हर मन्वंतर के पहले एवं बाद में रहता है 17 लाख 28 हजार वर्ष का होता है। 14 मन्वन्तर में 15 प्रलयकाल होंगे अतः प्रलय काल की कुल अवधि 1728000*15=25920000 होगा। 14 मन्वंतर की अवधि 306720000*14=4294080000 होगी और एक कल्प की आबादी इन दोनों का योग 4320000000 होगी। जोकि ब्रह्मा का 1 दिन रात है। ब्रह्मा   की   कुल   आयु   (100   वर्ष) =4320000000*360*100=155520000000000=1555203अरब वर्ष होगी। यह ब्रह्मांड और उसके पार के ब्रह्मांड का कुल समय होगा। वर्तमान विज्ञान को यह ज्ञात है कि ब्रह्मांड के उस पार भी कुछ है परंतु क्या है यह वर्तमान विज्ञान को अभी ज्ञात नहीं है।

अब हम पुनः एक बार संकल्प को पढ़ते हैं जिसके अनुसार वैवस्वत मन्वन्तर चल रहा है अर्थात मन्वंतर बीत चुके हैं सातवा मन्वंतर चल रहा है। पिछले गणना से हम जानते हैं की एक मन्वंतर 306720000 वर्ष का होता है। छे मन्वंतर बीत चुके हैं अर्थात 306720000*6=1840320000 वर्ष बीत चुके हैं। इसमें सात प्रलय काल और जोड़े जाने चाहिए अर्थात (1728000*7) 12096000 वर्ष और जुड़ेंगे इस प्रकार कुल योग (1840320000+12096000) 1852416000 वर्ष होता है।

हम जानते हैं एक मन्वंतर 71 महायुग का होता है जिसमें से 27 महायुग बीत चुके हैं । एक महायुग 4320000 वर्ष का होता है इस प्रकार 27 महायुग (27*4320000) 116640000 वर्ष के होंगे । इस अवधि को भी हम बीते हुए मन्वंतर काल में जोड़ते हैं (1852416000+116640000) तो ज्ञात होता है कि 1969056000 वर्ष बीत चुके हैं।

28 में महायुग के कलयुग का समय जो बीत चुका है वह (सतयुग के 1728000+ त्रेता युग 1296000+ द्वापर युग 864000) = 3888000 वर्ष होता है। इस अवधि को भी हम पिछले बीते हुए समय के साथ जोड़ते हैं (1969056000+ 3888000) और संवत 2078 कलयुग के 5222 वर्ष बीत चुके हैं।

अतः हम बीते गए समय में कलयुग का समय भी जोड़ दें तो कुल योग 1972949222 वर्ष आता है । इस समय को हम 1.973 Ga वर्ष भी कह सकते हैं।

ऊपर हम बता चुके हैं कि पृथ्वी का प्रोटेरोज़ोइक काल 2.5 Ga से 54.2 Ma वर्ष तथा और इसी अवधि में पृथ्वी पर जीवन की उत्पत्ति हुई है। इन दोनों के मध्य में भारतीय गणना अनुसार आया हुआ समय 1.973 Ga वर्ष भी आता है जिससे स्पष्ट है कि भारत के पुरातन वैज्ञानिकों ने पृथ्वी पर जीवन के प्रादुर्भाव की जो गणना की थी वह बिल्कुल सत्य है।

आधुनिक वैज्ञानिकों के अनुसार सूर्य 4.603 अरब वर्ष पहले अपने आकार भी आया था । इसी प्रकार पृथ्वी 4.543 अरब वर्ष पहले अपने आकार में आई थी।

हमारी आकाशगंगा 13.51 अरब वर्ष पहले बनी थी । अभी तक ज्ञात सबसे उम्रदराज वर्लपूल गैलेक्सी 40.03 वर्ष पुरानी है । विज्ञान यह भी मानता है कि इसके अलावा और भी गैलेक्सी हैं जिनके बारे में अभी हमें ज्ञात नहीं है। हिंदू ज्योतिष के अनुसार ब्रह्मा जी का की आयु 155520 अरब वर्ष की है जिसमें से आधी बीत चुकी है। यह स्पष्ट होता है कि यह ज्योतिषीय संरचनाएं 77760 अरब वर्ष पहले आकार ली थी और कम से कम इतना ही समय अभी बाकी है।

जय मां शारदा।

मेष राशि के जातकों का वर्ष 2022 का वार्षिक राशिफल ।

वर्ष के प्रारंभ में गुरु आपकी एकादश भाव में रहेंगे तथा बाद में आपके द्वादश भाव में पहुंचेंगे । राहु प्रारंभ में द्वितीय भाव में रहेंगे तथा बाद में लग्न भाव में स्थापित होंगे । शनि प्रारंभ में दशम भाव में रहेंगे तथा बाद में एकादश भाव में विचरण करेंगे। अन्य ग्रह महीने के अनुसार बदलते रहेंगे।

इस प्रकार वर्ष 2022 का प्रारंभ मेष राशि के जातकों के लिए धन के मामले में सामान्य रहेगा । जो कि बाद में काफी बड़े खर्चे में बदलेगा । खर्चे की यह बढ़ोतरी आपके सुख और अच्छे कार्यों जैसे कि विवाह घर

खरीदना आदि के लिए होगी । इसमें अगर आपके परिवार में किसी की का विवाह तय होना है तो वह विवाह भी हो सकता है। अप्रैल के बाद गलत रास्ते से धन आने का योग भी बनेगा

।

मेष राशि के जातक जो कि नौकरी में हैं उनका इस वर्ष फरवरी के बाद स्थानांतरण के साथ-साथ प्रमोशन का भी योग है । उस समय यह लोग दो जगह के इस्टैब्लिशमेंट में होने के कारण आर्थिक रूप से थोड़ा परेशान रहेंगे ।

आपका भाग्य वर्ष के प्रारंभ में साथ देगा परंतु बाद में आपको अपने परिश्रम पर ज्यादा भरोसा करना पड़ेगा । आप फरवरी के बाद अपने परिश्रम पर ही भरोसा करें । यह सोच कर कि भाग्य साथ दे जाएगा कोई रिस्क का कार्य ना करें । जैसे अगर आपको उम्मीद है की जनता आप का बहुत सपोर्ट करती है । आप इलेक्शन में जीत जाएंगे तो इस बात को किसी अन्य से भी जांच करवा लें । फिर इलेक्शन लड़े।

फरवरी के बाद आपके संतान को कष्ट हो सकता है । यह भी संभव है कि आप को अपने संतान से कष्ट हो। जो जातक अभी छात्र हैं उनकी पढ़ाई लिखाई में बाधा पड़ेगी ।

आपका स्वास्थ्य 2022 में नरम गरम चलता रहेगा । आपको चाहिए कि आप 2022 में अपना और अपने जीवन साथी का बराबर विभिन्न टेस्ट करवाते रहें । जिससे कि किसी बड़ी बीमारी की जानकारी आप को पहले से ही मिल सके।

साझेदारी व्यापार में आपको सतर्क रहना चाहिए । इस वर्ष साझेदार आपको धोखा दे सकता है । व्यापार में आपके इस वर्ष उन्नति होगी और यह भी संभव है कि आपको अपना व्यापार बढ़ाने के लिए काफी

पैसा लगाना पड़े।

आपको चाहिए कि आप हर शनिवार हनुमान जी को चोला चढ़ावे।

आपको चाहिए कि आप महीने के पहले सोमवार को भगवान शिव का अभिषेक करें।

आपको चाहिए कि आप काले कुत्ते को हर बुधवार को रोटी खिलाएं।

वृष राशि के जातकों का वर्ष 2022 का वार्षिक राशिफल ।

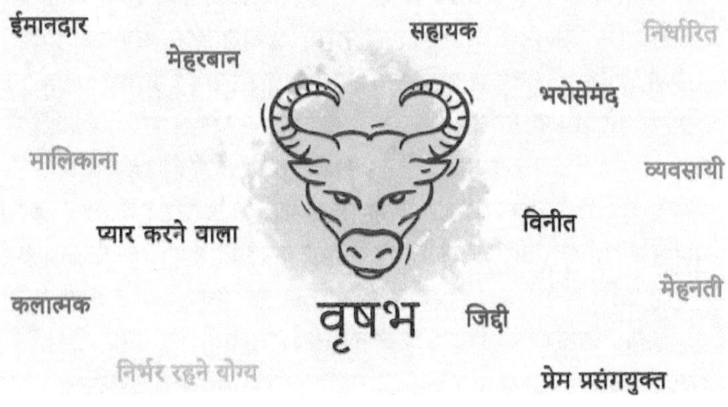

वृष राशि के जातकों का वर्ष 2022 का वार्षिक राशिफल ।
वृष राशि राशि चक्र की दूसरी राशि है। कृत्तिका नक्षत्र की अंतिम तीन चरण , रोहिणी नक्षत्र के चारों चरण तथा मृगशिरा नक्षत्र के पहले दो चरण मिलकर वृष राशि का निर्माण करते हैं इस राशि का स्वामी शुक्र है उसका स्वभाव स्थिर है । इसे सौम्य , राशि मानी जाती है। इस राशि का तत्व पृथ्वी है ,गुण राजसी है जाति वैश्य है । यह रात्रि में बलि होती है । दक्षिण दिशा की स्वामी है । बात संबंधी रोग इसी राशि की वजह से होते हैं ।शरीर में गला और मुख पर होने वाले सभी क्रियाओं का असर इसी राशि से देखा जाता है। इस राशि के लोग अपने में डूबे रहने वाले विद्या की आकांक्षा रखने वाले तथा अपने कार्य समय से निपटाने वाले

होते हैं। सांसारिक कार्यों में दक्ष होते हैं और उनको बुद्धिमत्ता पूर्वक निपटाते हैं। इस राशि वालों के लिए मंगल बाजार ग्रह होता है वृश्चिक बाधक राशि होती है और शनि तथा शुक्र इनके लिए शुभ ग्रह होते हैं। वर्ष के प्रारंभ में गुरु मफार राशि में रहेंगे । 13 अप्रैल से मीन राशि गोचर करेंगे । 29 जुलाई से गुरु मीन राशि में वक्री होंगे तथा 24 नवंबर से मार्गी हो जाएंगे । इसी प्रकार शनि 28 अप्रैल को कुंभ राशि में प्रवेश करेंगे । 5 जून से शनि वक्री होंगे तथा 12 जुलाई को मकर में प्रवेश करेंगे । 13 अक्टूबर से शनि मकर राशि में मार्गी हो जाएंगे । राहु 11 अप्रैल को अपनी उच्च राशि वृष से वक्री चाल चलते हुए मेष राशि में प्रवेश करेंगे तथा पूरे वर्ष भर मेष राशि में ही रहेंगे।

अन्य ग्रह जैसे सूर्य मंगल शुक्र आदि महीने के अनुसार बदलते रहेंगे। प्रारंभ में आपकी आर्थिक स्थिति सामान्य रहेगी परंतु गुरु के अप्रैल में हो रहे राशि परिवर्तन की वजह से आपकी आर्थिक स्थिति तथा अन्य सभी प्रकार के मामलों में सफलता मिलने की मात्रा बढ़ेगी।।

धन उपार्जन - वर्ष के प्रारंभ में आपकी आर्थिक स्थिति सामान्य रहेगी 14 मार्च 2022 के बाद आपके पास धन आने की मात्रा बढ़ती जाएगी। 29 जुलाई के बाद आपके पास आने वाले धन में कमी आएगी । 18 अक्टूबर 2022 के बाद आपके पास पुनः धन आने लगेगा । इस प्रकार हम कह सकते हैं की वर्ष के प्रारंभ में आपके पास ठीक-ठाक धन रहेगा परंतु मार्च के बाद धन की मात्रा में वृद्धि होगी बीच में थोड़ी सी धन की आवक कमी होगी परंतु वर्ष के अंत में पर्याप्त धन आपके पास आने लगेगा।

भाग्य-वर्ष के प्रारंभ में आपको भाग्य से काफी मदद मिलेगी आपके बहुत सारे कार्य कम परिश्रम से ही संपन्न हो जाएंगे । मार्च के महीने में विशेष रुप से 27 फरवरी के बाद और 31 मार्च के पहले भाग्य का आपको बहुत ज्यादा साथ मिलेगा। अगस्त के महीने में भी भाग्य आपका साथ देगा। इस प्रकार भाग्य के सहारे स्थान पर आपको परिश्रम का सहारा ज्यादा लेना चाहिए।

उपाय - आपको चाहिए कि आप पूरे वर्ष गुरुवार का व्रत रखें राम रक्षा स्त्रोत का प्रतिदिन जाप करें।

कैरियर-वर्ष के प्रारंभ में कार्यस्थल पर आप पर कोई विशेष ध्यान नहीं दिया जाएगा परंतु मई महीने से आप अपने कार्यालय के एक चमकते हुए सितारे कहलाए जाओगे । आपको आपके संस्थान से हटाने का भी कुछ लोग प्रयास कर सकते हैं । ऐसे लोगों से आपको पहले से ही सावधान रहना पड़ेगा। मई महीने से अधिकारीगण आप को विशेष तवज्जो देंगे।

उपाय - आपके शनिवार को शनि मंदिर में जाकर शनिदेव की पूजा करनी चाहिए।

परिवार-वर्ष के प्रारंभ दिनों में आपको अपने माता-पिता से प्रचुर स्नेह मिलेगा मई महीने परंतु बाद में पिताजी के स्वास्थ्य में थोड़ी खराबी आने के कारण आप सभी परिवार के लोग परेशान हो सकते हैं वर्ष के प्रारंभ में यह संभव है कि आपके भाई बहन आपके साथ थोड़ा कम सहयोग करें परंतु कुछ समय बीतने के बाद मई के महीने से आपको अपने भाई बहनों का साथ भरपूर मिलेगा ।आपकी संतान भी आपको सहयोग करेगी बाद में संतान को थोड़ी परेशानी हो सकती है। परिवार जनों के बीच आपस में थोड़ा बहुत कन्फ्यूजन भी वर्ष के प्रारंभ के दिनों में हो सकता है।

उपाय - शनिवार के दिन शनि मंदिर में जाकर पूजा करनी चाहिए।

स्वास्थ्य- वर्ष के प्रारंभ के दिनों में आपका और आपकी जीवन साथी का स्वास्थ्य थोड़ा नरम गरम रहेगा । मांह मई से आपके और आपके जीवन साथी के स्वास्थ्य में पर्याप्त सुधार होगा । अगर आपको गर्दन और कमर में अभी दर्द है तो यह दर्द मई माह से ठीक होने लगेगा परंतु 13 अक्टूबर 2022 के बाद पुनः यह बीमारी प्रारंभ हो सकती है।

उपाय - काले कुत्ते को बुधवार के दिन रोटी खिलाएं।

व्यापार-आपका व्यापार वर्ष के प्रारंभ के दिनों में थोड़ा धीमा हो सकता है परंतु वर्ष के मध्य से आपके व्यापार में तेजी आएगी। यह भी

संभावना है कि आप कोई बड़ा व्यापार प्रारंभ करें या अपने व्यापार को बढ़ाने के लिए और पूंजी निवेश करें।

उपाय -राम रक्षा स्त्रोत का प्रतिदिन दिन जाप करें ।

मकान कार जमीन आदि-इस बात की पूरी संभावना है कि अगस्त या सितंबर के महीने में वृष राशि के जातक अपनी सुख सुविधा वाली कोई वस्तु कैसे मकान कार एयर कंडीशनर आदि खरीदें।

सभी प्रकार के कष्टों को दूर करने का उपाय -

हर माह के प्रथम सोमवार को भगवान शिव का दूध से अभिषेक करें।

[4:08 PM, 27/12/2021] Pandey Ji Astrologer2: वृष राशि के जातकों का वर्ष 2022 का वार्षिक राशिफल ।

मिथुन राशि राशि चक्र की तीसरी राशि है। मृगशिरा नक्षत्र की अंतिम दो चरण , आद्रा नक्षत्र के चारों चरण तथा पुनर्वसु नक्षत्र के पहले तीन चरण मिलकर मिथुन राशि का निर्माण करते हैं । इस राशि का स्वामी बुध है । इसका स्वभाव दिव्स्वभाव है । मिथुन राशि की प्रवृति क्रूर है । इस राशि का तत्व वायु है ,गुण सात्विक है जाति शूद्र है । यह रात्रि में बलि होती है । पश्चिम दिशा की स्वामी है । यह राशि त्रिधातु प्रकृति की है।शरीर में कंधा छाती और फेफड़े पर होने वाले सभी क्रियाओं का असर इसी राशि से देखा जाता है। यह एक शुष्क राशि है । इस राशि के लोग विद्या की आकांक्षा रखने वाले तथा शिल्प कला में प्रवीण होते हैं ।।

इस राशि वालों के लिए सूर्य बाधक ग्रह होता है । सिंह राशि बाधक राशि होती है और बुध तथा शुक्र इनके लिए शुभ ग्रह होते हैं।

वर्ष के प्रारंभ में गुरु मकर राशि में रहेंगे । 13 अप्रैल से मीन राशि गोचर करेंगे । 29 जुलाई से गुरु मीन राशि में वक्री होंगे तथा 24 नवंबर से मार्गी हो जाएंगे । इसी प्रकार शनि 28 अप्रैल को कुंभ राशि में प्रवेश करेंगे । 5 जून से शनि वक्री होंगे तथा 12 जुलाई को मकर में प्रवेश करेंगे । 13 अक्टूबर से शनि मकर राशि में मार्गी हो जाएंगे । राहु 11 अप्रैल को अपनी उच्च राशि वृष से वक्री चाल चलते हुए मेष राशि में प्रवेश करेंगे तथा पूरे वर्ष भर मेष राशि में ही रहेंगे।

अन्य ग्रह जैसे सूर्य मंगल शुक्र आदि महीने के अनुसार बदलते रहेंगे। वर्ष के प्रारंभ में आपके स्वास्थ्य में थोड़ी परेशानी रहेगी परंतु यह परेशानी कुछ ही दिनों में समाप्त हो जाएगी।

धन उपार्जन - वर्ष के प्रारंभ में आपके पास धन की आवक में कमी रहेगी। अप्रैल महीने से गलत रास्ते से धन आने का योग बनने लगेगा। जून के महीने के उपरांत आने की गति थोड़ी धीमी पड़ेगी। अप्रैल और मई के महीने में आपके पास काफी धन आएगा।

भाग्य-वर्ष के प्रारंभ में आपको भाग्य से कम मदद मिलेगी । आपके बहुत सारे कार्य परिश्रम से ही संपन्न हो पाएंगे । वर्ष के बीच में अर्थात अप्रैल के बाद और जून के पहले आपका भाग्य आपका साथ देगा । वर्ष के अंतिम कालखंड में भाग्य आपका कम साथ देगा । इस प्रकार भाग्य के सहारे केस्थान पर आपको परिश्रम का सहारा ज्यादा लेना चाहिए। उपाय-मोती की माला धारण करें

कैरियर-कैरियर के क्षेत्र में वर्ष के प्रारंभिक काल खंड सामान्य रहेगा। वर्ष के बाकी समय अवधि में आपके कैरियर में तेजी आएगी अगर आपके पास कोई नौकरी नहीं है तो नौकरी मिल सकती है कार्यालय में भी आप के मान सम्मान में वृद्धि होगी आपको अतिरिक्त प्रभार मिल सकता है। कार्यालय में कुछ लोगों से आपकी शत्रुता भी हो प्रारंभ हो सकती है।
उपाय-आपको चाहिए कि आप गुरुवार का व्रत करें और गुरुवार को या प्रतिदिन राम रक्षा स्त्रोत का जाप करें।

भाग्य-अप्रैल माह तक आपका भाग्य आपके कार्यों में कोई विशेष मदद नहीं करेगा । अप्रैल के बाद भाग्य एकाएक आपके कार्यों में मदद कर उनको संपन्न करा देगा । जून के महीने से आपके भाग्य में थोड़ी कमी आएगी परंतु फिर भी समय-समय पर आवश्यकता अनुसार भाग्य की मदद आपको मिलती रहेगी।

उपाय-आपको शनिवार के दिन दक्षिण मुखी हनुमान जी के मंदिर में जाकर हनुमान चालीसा का कम से कम 3 बार जाप करना चाहिए।

परिवार-पूरे वर्ष भर माता और पिता जी का आशीर्वाद आप को मिलता रहेगा। भाई और बहनों से आपको मार्च के बाद कम सहयोग मिलेगा । यह भी संभव है कि किसी भाई या बहन से आपकी लड़ाई भी हो जाए । अतः इस संबंध में आपको सावधान रहने की आवश्यकता है। उपाय-हर बुधवार को काले कुत्ते को रोटी खिलाना चाहिए।

स्वास्थ्य-सामान्यतया आपका और आपके जीवन साथी का स्वास्थ्य पूरे वर्ष उत्तम रहेगा। आपका आपके जीवन साथी का स्वास्थ्य अप्रैल माह से थोड़ा खराब हो सकता है । अगर आप अस्थमा के रोगी हैं तो आपका स्वास्थ्य भी अप्रैल माह से थोड़ा खराब होना प्रारंभ हो जाएगा। उपाय-कुएं के कछुए को लाइ खिलाएं।

व्यापार-जनवरी फरवरी और मार्च के महीने में आपके व्यापार में तेजी आएगी । परंतु उसके बाद अप्रैल के महीने में व्यापार में कमी आएगी । मई के महीने में आप व्यापार में पुनः आगे निकलने का प्रयास करेंगे। इस प्रयास में आप सफल रहेंगे। अगस्त के महीने में आपके व्यापार में सतर्क रहना चाहिए। उपाय-समय-समय पर आपके द्वारा स्वयं या किसी विद्वान ब्राह्मण से मदद लेकर गणेश अथर्वशीर्ष का पाठ कराना चाहिए ।

विवाह-मिथुन राशि के अविवाहित जातकों के विवाह संबंध आने के लिए जुलाई-अगस्त और दिसंबर 2022 का समय अच्छा है इस समय इन जातकों के लिए बहुत सारे वैवाहिक संबंध आएंगे उन पर विचार होगा और अगर दशा अंतर्दशा अनुकूल है तो हो ही जाएंगे। उपाय -शुक्रवार को गरीबों के बीच जाकर चावल या सफेद वस्त्र का दान दें।

मकान कार और सुख-सुविधा के यंत्र-मकान कार और सुख सुविधा की सामग्री जैसे एयर कंडीशनर आदि अगस्त से अक्टूबर के बीच में खरीदने का संयोग बन रहा है अगर आप इसकी प्लानिंग कर रहे हैं तो इस समय यह योजना आवश्यक रूप से पूर्ण हो जाएगी इसके अलावा मार्च अप्रैल एवं मई 2022 में भी संयोग बन रहे हैं ।
उपाय-हर बुधवार को आपको गाय को हरा चारा खिलाना चाहिए।

उपाय-ऊपर हर विषय पर अलग-अलग उपाय दिए गए हैं । ये उपाय केवल उस विषय विशेष के लिए ही हैं । जैसे कि अगर आप मकान खरीदना चाहते हैं और मकान खरीदने का कार्य नहीं कर पा रहे हैं तो आपको गाय को बुधवार को हरा चारा खिलाना चाहिए।
आपकी सभी तरफ से रक्षा के लिए सभी संकटों से मुक्ति करने के लिए आपको हर् सोमवती अमावस्या तथा हर महीने की पहली अमावस्या को भगवान शिव का रुद्राभिषेक और गणेश अथर्वशीर्ष का पाठ किसी विद्वान और योग्य ब्राह्मण से करवाना चाहिए।
मां शारदा से मेरी प्रार्थना है आप सभी स्वास्थ्य सुखी और संपन्न रहें ।
जय मां शारदा।
निवेदकः-
पण्डित अनिल कुमार पाण्डेय
सेवानिवृत्त मुख्य अभियंता
एस्ट्रो साइंटिस्ट और वास्तु शास्त्री
स्टेट बैंक कॉलोनी मकरोनिया
सागर। 470004
मो 7566503333

मिथुन राशि के जातकों का वर्ष 2022 का वार्षिक राशि फल।

मिथुन राशि राशि चक्र की तीसरी राशि है। मृगशिरा नक्षत्र की अंतिम दो चरण , आद्रा नक्षत्र के चारों चरण तथा पुनर्वसु नक्षत्र के पहले तीन चरण मिलकर मिथुन राशि का निर्माण करते हैं । इस राशि का स्वामी बुध है । इसका स्वभाव द्विस्वभाव है । मिथुन राशि की प्रवृति क्रूर है । इस राशि का तत्व वायु है ,गुण सात्विक है जाति शूद्र है । यह रात्रि में बलि होती है । पश्चिम दिशा की स्वामी है । यह राशि त्रिधातु प्रकृति की है।शरीर में कंधा छाती और फेफड़े पर होने वाले सभी क्रियाओं का असर इसी राशि से देखा जाता है। यह एक शुष्क राशि है । इस राशि के लोग विद्या की आकांक्षा रखने वाले तथा शिल्प कला में प्रवीण होते हैं ।। इस राशि वालों के लिए सूर्य बाधक ग्रह होता है । सिंह राशि बाधक राशि

होती है और बुध तथा शुक्र इनके लिए शुभ ग्रह होते हैं।

वर्ष के प्रारंभ में गुरु मकर राशि में रहेंगे । 13 अप्रैल से मीन राशि गोचर करेंगे । 29 जुलाई से गुरु मीन राशि में वक्री होंगे तथा 24 नवंबर से मार्गी हो जाएगे । इसी प्रकार शनि 28 अप्रैल को कुंभ राशि में प्रवेश करेंगे । 5 जून से शनि वक्री होंगे तथा 12 जुलाई को मकर में प्रवेश करेंगे । 13 अक्टूबर से शनि मकर राशि में मार्गी हो जाएंगे । राहु 11 अप्रैल को अपनी उच्च राशि वृष से वक्री चाल चलते हुए मेष राशि में प्रवेश करेंगे तथा पूरे वर्ष भर मेष राशि में ही रहेंगे।

अन्य ग्रह जैसे सूर्य मंगल शुक्र आदि महीने के अनुसार बदलते रहेंगे।

वर्ष के प्रारंभ में आपके स्वास्थ्य में थोड़ी परेशानी रहेगी परंतु यह परेशानी कुछ ही दिनों में समाप्त हो जाएगी।

धन उपार्जन - वर्ष के प्रारंभ में आपके पास धन की आवक में कमी रहेगी। अप्रैल महीने से गलत रास्ते से धन आने का योग बनने लगेगा। जून के महीने के उपरांत आने की गति थोड़ी धीमी पड़ेगी। अप्रैल और मई के महीने में आपके पास काफी धन आएगा।

भाग्य-वर्ष के प्रारंभ में आपको भाग्य से कम मदद मिलेगी । आपके बहुत सारे कार्य परिश्रम से ही संपन्न हो पाएंगे । वर्ष के बीच में अर्थात अप्रैल के बाद और जून के पहले आपका भाग्य आपका साथ देगा । वर्ष के अंतिम कालखंड में भाग्य आपका कम साथ देगा । इस प्रकार भाग्य के सहारे केस्थान पर आपको परिश्रम का सहारा ज्यादा लेना चाहिए।

उपाय-मोती की माला धारण करें

कैरियर-कैरियर के क्षेत्र में वर्ष के प्रारंभिक काल खंड सामान्य रहेगा। वर्ष के बाकी समय अवधि में आपके कैरियर में तेजी आएगी अगर आपके पास कोई नौकरी नहीं है तो नौकरी मिल सकती है कार्यालय में भी आप के मान सम्मान में वृद्धि होगी आपको अतिरिक्त प्रभार मिल सकता है। कार्यालय में कुछ लोगों से आपकी शत्रुता भी हो प्रारंभ हो सकती है।

उपाय-आपको चाहिए कि आप गुरुवार का व्रत करें और गुरुवार को या प्रतिदिन राम रक्षा स्त्रोत का जाप करें।

भाग्य-अप्रैल माह तक आपका भाग्य आपके कार्यों में कोई विशेष मदद नहीं करेगा । अप्रैल के बाद भाग्य एकाएक आपके कार्यों में मदद कर उनको संपन्न करा देगा । जून के महीने से आपके भाग्य में थोड़ी कमी आएगी परंतु फिर भी समय-समय पर आवश्यकता अनुसार भाग्य की मदद आपको मिलती रहेगी।
उपाय-आपको शनिवार के दिन दक्षिण मुखी हनुमान जी के मंदिर में जाकर हनुमान चालीसा का कम से कम 3 बार जाप करना चाहिए।

परिवार-पूरे वर्ष भर माता और पिता जी का आशीर्वाद आप को मिलता रहेगा। भाई और बहनों से आपको मार्च के बाद कम सहयोग मिलेगा । यह भी संभव है कि किसी भाई या बहन से आपकी लड़ाई भी हो जाए । अतः इस संबंध में आपको सावधान रहने की आवश्यकता है।
उपाय-हर बुधवार को काले कुत्ते को रोटी खिलाना चाहिए।

स्वास्थ्य-सामान्यतया आपका और आपके जीवन साथी का स्वास्थ्य पूरे वर्ष उत्तम रहेगा। आपका आपके जीवन साथी का स्वास्थ्य अप्रैल माह से थोड़ा खराब हो सकता है । अगर आप अस्थमा के रोगी हैं तो आपका स्वास्थ्य भी अप्रैल माह से थोड़ा खराब होना प्रारंभ हो जाएगा।
उपाय-कुएं के कछुए को लाइ खिलाएं।

व्यापार-जनवरी फरवरी और मार्च के महीने में आपके व्यापार में तेजी आएगी । परंतु उसके बाद अप्रैल के महीने में व्यापार में कमी आएगी । मई के महीने में आप व्यापार में पुनः आगे निकलने का प्रयास करेंगे। इस प्रयास में आप सफल रहेंगे। अगस्त के महीने में आपके व्यापार में सतर्क रहना चाहिए।
उपाय-समय-समय पर आपके द्वारा स्वयं या किसी विद्वान ब्राह्मण

से मदद लेकर गणेश अथर्वशीर्ष का पाठ कराना चाहिए ।

विवाह-मिथुन राशि के अविवाहित जातकों के विवाह संबंध आने के लिए जुलाई अगस्त और दिसंबर 2022 का समय अच्छा है इस समय इन जातकों के लिए बहुत सारे वैवाहिक संबंध आएंगे उन पर विचार होगा और अगर दशा अंतर्दशा अनुकूल है तो हो ही जाएंगे।
उपाय -शुक्रवार को गरीबों के बीच जाकर चावल या सफेद वस्त्र का दान दें।

मकान कार और सुख-सुविधा के यंत्र-मकान कार और सुख सुविधा की सामग्री जैसे एयर कंडीशनर आदि अगस्त से अक्टूबर के बीच में खरीदने का संयोग बन रहा है अगर आप इसकी प्लानिंग कर रहे हैं तो इस समय यह योजना आवश्यक रूप से पूर्ण हो जाएगी इसके अलावा मार्च अप्रैल एवं मई 2022 में भी संयोग बन रहे हैं ।
उपाय-हर बुधवार को आपको गाय को हरा चारा खिलाना चाहिए।

उपाय-ऊपर हर विषय पर अलग-अलग उपाय दिए गए हैं । ये उपाय केवल उस विषय विशेष के लिए ही हैं । जैसे कि अगर आप मकान खरीदना चाहते हैं और मकान खरीदने का कार्य नहीं कर पा रहे हैं तो आपको गाय को बुधवार को हरा चारा खिलाना चाहिए।
आपकी सभी तरफ से रक्षा के लिए सभी संकटों से मुक्ति करने के लिए आपको हर सोमवती अमावस्या तथा हर महीने की पहली अमावस्या को भगवान शिव का रुद्राभिषेक और गणेश अथर्वशीर्ष का पाठ किसी विद्वान और योग्य ब्राह्मण से करवाना चाहिए।
मां शारदा से मेरी प्रार्थना है आप सभी स्वास्थ्य सुखी और संपन्न रहें ।
जय मां शारदा।
निवेदक:-
पण्डित अनिल कुमार पाण्डेय
सेवानिवृत्त मुख्य अभियंता

एस्ट्रो साइंटिस्ट और वास्तु शास्त्री
स्टेट बैंक कॉलोनी मकरोनिया
सागर। 470004
मो 7566503333

कर्क राशि के जातकों का वर्ष 2022 का वार्षिक राशिफल ।

कर्क राशि राशि चक्र की चौथी राशि है। पुनर्वसु नक्षत्र का अंतिम चरण , पुष्य नक्षत्र के चारों चरण तथा अश्लेषा नक्षत्र के चारों चरण मिलकर कर्क राशि का निर्माण करते हैं । इस राशि का स्वामी चंद्रमा है । इसका स्वभाव चर स्वभाव है । कर्क राशि की प्रकृति सोम्य है । इस राशि का तत्व जल है ,गुण सात्विक है जाति ब्राम्हण है । यह रात्रि में बलि होती है । यह उत्तर दिशा की स्वामी है । यह राशि कफ प्रकृति की है।शरीर में हृदय के अलावा,उदर ,सीना और गुर्दे पर होने वाले सभी क्रियाओं का असर इसी राशि से देखा जाता है। यह एक सजल राशि है । इस राशि के लोग लोगों का स्वभाव भौतिक सुखों में लगे रहना लज्जालु स्थिर गति और समयानुसार निर्णय लेना होता है । इस राशि वालों के लिए शुक्र

बाधक ग्रह होता है । वृष राशि बाधक राशि होती है और मंगल और चंद्रमा इनके लिए शुभ ग्रह होते हैं।

वर्ष के प्रारंभ में गुरु मकर राशि में रहेंगे । 13 अप्रैल से मीन राशि गोचर करेंगे । 29 जुलाई से गुरु मीन राशि में वक्री होंगे तथा 24 नवंबर से मार्गी हो जाएंगे । इसी प्रकार शनि 28 अप्रैल को कुंभ राशि में प्रवेश करेंगे । 5 जून से शनि वक्री होंगे तथा 12 जुलाई को मकर में प्रवेश करेंगे । 13 अक्टूबर से शनि मकर राशि में मार्गी हो जाएंगे । राहु 11 अप्रैल को अपनी उच्च राशि वृष से वक्री चाल चलते हुए मेष राशि में प्रवेश करेंगे तथा पूरे वर्ष भर मेष राशि में ही रहेंगे।

अन्य ग्रह जैसे सूर्य मंगल शुक्र आदि महीने के अनुसार बदलते रहेंगे।

कर्क राशि के जातकों के लिए इस वर्ष बहुत अच्छा समय आने वाला है । अप्रैल महीने के बाद 2022 में आप अधिकांश कार्यों में सफल रहेंगे ।

धन उपार्जन- चुनरी से जनवरी से अप्रैल 2022 तक गलत रास्तों से धन आने का योग है उसके उपरांत पुनः जून, जुलाई अगस्त और सितंबर के महीने में भी अच्छी धनराशि आपको प्राप्त होगी । अप्रैल तक आपके खर्चे भी बहुत रहेंगे। इस समय आपको संभल कर अपना धन व्यय करना चाहिए।

उपाय-आपको चाहिए कि आप गुरुवार का व्रत करें और गुरुवार को रामचंद्र जी के मंदिर में जाकर राम रक्षा स्त्रोत का जाप करें।

कैरियर-अप्रैल तक आपके स्थानांतरण का योग है यह संभव है कि आपका कार्य इसमें बदल जाए। अप्रैल के बाद आप के विवाद बढ़ेंगे । कार्यालय में आपका रुतबा बढेगा । इस वर्ष आपको बाद विभाग से बचना चाहिए। आप बगैर किसी काम के भी इस वर्ष अपने अधिकारियों से संग्राम कर सकते हैं।

उपाय-आपको चाहिए कि आप काले कुत्ते को रोटी खिलाएं।

भाग्य-इस पूरे वर्ष आपका भाग्य आपकी लगातार मदद करेगा । मई महीने के बाद आप जो कुछ भी प्रयास करेंगे सभी प्रयास सफल होंगे ।आपको सभी पेंडिंग कार्य को संपन्न करने का प्रयास करना चाहिए। जुलाई माह से भाग्य से थोड़ी दिक्कत महसूस होगी और यह नवंबर तक चलेगी। इस प्रकार से कर्क राशि वालों को किसी भी काम को करने के लिए जुलाई से नवंबर तक विशेष परिश्रम करने होंगे।
उपाय-शनिवार के दिन शनि मंदिर में जाकर पूजा अर्चना करें।

परिवार-इस वर्ष आपके पिताजी या माताजी का स्वास्थ्य खराब हो सकता है । यह भी संभव है कि आपकी अपने माता पिता जी से कुछ वाद विवाद हो जाए। भाई बहनों से आपके संबंध सामान्य रहेंगे अर्थात कैसे चल रहे हैं वैसे ही रहेंगे। अगर आपके पिताजी या माताजी 70 साल से ऊपर के हैं इस अवधि में आपको उन पर विशेष ध्यान देना पड़ेगा ।आपको अपने संतान से काफी सहयोग मिलेगा और संतान की उन्नति भी होगी।
उपाय-किसी विद्वान ब्राह्मण से राहु और केतु के शांति का उपाय करवाएं।

स्वास्थ्य-अप्रैल 2022 तक आपके स्वास्थ्य में थोड़ी कमजोरी रहेगी । मई 2022 से जुलाई 2022 तक आपका स्वास्थ्य उत्तम रहेगा । अगस्त 2022 से नवंबर 2022 तक स्वास्थ्य में थोड़ी कमजोरी आएगी । आपके जीवन साथी का स्वास्थ्य भी अप्रैल 2022 तक थोड़ा नरम गरम चलता रहेगा । अप्रैल 2022 के बाद जीवनसाथी का स्वास्थ्य भी ठीक रहेगा।
उपाय-आपको चाहिए कि आप मोती की माला धारण करें।

व्यापार-सितंबर और अक्टूबर 2022 में आपका व्यापार अपनी बुलंदियों पर होगा ।इसके अलावा आपका व्यापार मई महीने से धीरे धीरे प्रगति करेगा। यह वर्ष आपके व्यापार के लिए अत्यंत उत्तम वर्ष है

। इस वर्ष में आपको चाहिए कि आप अपना व्यापार लगातार आगे बढ़ायें।

उपाय-आपको चाहिए कि आप शनिवार का व्रत करें और शनिवार को दक्षिण मुखी हनुमान जी के मंदिर में जाकर कम से कम 3 बार हनुमान चालीसा का जाप करें।

विवाह-अविवाहित जातकों के लिए फरवरी-मार्च तथा अगस्त सितम्बर के महीने अत्यंत उत्तम है। इस अवधि में विवाह के नए प्रस्ताव आएंगे तथा अगर प्रत्यंतर दशा उत्तम है तो शादी भी हो जाएगी । आपको चाहिए कि आप इस समय अपनी कुंडली को किसी विद्वान ब्राह्मणों को दिखाएं और उसके द्वारा बताए गए उपाय करें।

उपाय-कुंडली की विवेचना के उपरांत विद्वान ब्राह्मणों द्वारा बताए गए उपायों के अलावा फरवरी-मार्च तथा अगस्त और सितंबर के महीने में शुक्रवार के दिन आपको मंदिर पर जाकर गरीबों के बीच में चावल का दान देना चाहिए।

मकान-मकान कार और सुख-सुविधा की अन्य चीजें को प्राप्त करने की आपको बहुत इच्छा रहेगी । परंतु अप्रैल के महीने तक यह इच्छा सफल नहीं हो सकेगी ।अप्रैल के बाद अर्थात मई महीने से संयोग बनने प्रारंभ होंगे । मई , जून अक्टूबर और नवंबर 2022 में आपकी इच्छा पूर्ण हो सकती है।

उपाय-आपको चाहिए कि आप गरीबों को सफेद वस्त्र का दान दें ।

वार्षिक उपाय-ऊपर हर विषय पर अलग-अलग उपाय दिए गए हैं । ये उपाय केवल उस विषय विशेष के लिए ही हैं । जैसे कि अगर आप मकान खरीदना चाहते हैं और मकान खरीदने का कार्य नहीं कर पा रहे हैं तो गरीबों के बीच आपको वस्त्र का दान देना चाहिए।

अपने संपूर्ण कष्टों के निवारण के लिए आपको चाहिए कि आप किसी विद्वान ब्राह्मण से हर एकादशी और पूर्णमासी को विष्णु सहस्त्रनाम

का पाठ साल भर में कम से कम 3 बार करवाएं।
मां शारदा से मेरी प्रार्थना है आप सभी स्वास्थ्य सुखी और संपन्न रहें ।
जय मां शारदा।
निवेदक:-
पण्डित अनिल कुमार पाण्डेय
सेवानिवृत्त मुख्य अभियंता
एस्ट्रो साइंटिस्ट और वास्तु शास्त्री
स्टेट बैंक कॉलोनी मकरोनिया
सागर। 470004
मो 7566503333

सिंह राशि के जातकों का वर्ष 2022 का वार्षिक राशिफल ।

सिंह राशि राशि चक्र की पांचवी राशि है। मघा नक्षत्र के चारों चरण , पूर्वाफाल्गुनी नक्षत्र के चारों चरण तथा उत्तराफाल्गुनी नक्षत्र का प्रथम चरण मिलकर सिंह राशि का निर्माण करते हैं । इस राशि का स्वामी सूर्य है । इसका स्वभाव स्थिर स्वभाव है । सिंह राशि की प्रकृति क्रूर है । इस राशि का तत्व अग्नि है ,गुण तमोगुणी है जाति क्षत्रिय है । यह दिन में बलि होती है । यह पूर्व दिशा की स्वामी है । यह राशि पित्त प्रकृति की है।शरीर में उदर ,पीठ और रीढ पर होने वाले सभी क्रियाओं का असर इसी राशि से देखा जाता है। यह एक शुष्क राशि है । इस राशि के लोग उदार स्वभाव के एवं स्वतंत्रता प्रिय होते हैं । इस राशि के जातक क्षमाशील , कार्य में समर्थ , मद्य मांसों को पसंद करने वाले ,देश में

भ्रमण करने वाले, शीत से भयभीत ,अच्छे मित्रों वाले ,विनय शील, शीघ्र कार्य करने वाले ,माता-पिता को प्रिय ,व्यसनी और संसार में प्रख्यात होते हैं । इस राशि वालों के लिए शनि बाधक ग्रह होता है । कुंभ राशि बाधक राशि होती है और मंगल इनके लिए शुभ ग्रह होते हैं। वर्ष के प्रारंभ में गुरु मकर राशि में रहेंगे । 13 अप्रैल से मीन राशि गोचर करेंगे । 29 जुलाई से गुरु मीन राशि में वक्री होंगे तथा 24 नवंबर से मार्गी हो जाएंगे । इसी प्रकार शनि 28 अप्रैल को कुंभ राशि में प्रवेश करेंगे । 5 जून से शनि वक्री होंगे तथा 12 जुलाई को मकर में प्रवेश करेंगे । 13 अक्टूबर से शनि मकर राशि में मार्गी हो जाएंगे । राहु 11 अप्रैल को अपनी उच्च राशि वृष से वक्री चाल चलते हुए मेष राशि में प्रवेश करेंगे तथा पूरे वर्ष भर मेष राशि में ही रहेंगे।

अन्य ग्रह जैसे सूर्य मंगल शुक्र आदि महीने के अनुसार बदलते रहेंगे।

सिंह राशि के जातकों के लिए यह वर्ष मिलाजुला प्रभाव लेकर आएगा । जैसे वर्ष के प्रारंभ में विवाहित जातकों के लिए विवाह के अच्छे प्रस्ताव आएंगे।

धन-संपत्ति-अप्रैल के माह तक आपके पास गलत रास्ते से धन आने का योग है । अप्रैल के बाद आप के खर्चे में बहुत वृद्धि होगी । हो सकता है कि घर में कोई वैवाहिक कार्यक्रम हो जाए या आप मकान जमीन से आदि खरीदें । हम सभी जानते हैं वैवाहिक कार्यक्रम में जब मकान बनाने में काफी खर्च होता है । जून-जुलाई एवं सितंबर अक्टूबर में आपके पास सामान्य से अधिक धन राशि आएगी।

उपाय-आपको चाहिए क्या आप गुरु की शांति हेतु उपाय करवाएं

कैरियर-अप्रैल के बाद आपके ट्रांसफर का योग बन सकता है या संभव है कि आपका प्रमोशन भी हो। अप्रैल महीने तक कार्यालय में आपकी तूती बोलेगी परंतु मई और जून के महीने में कार्यालय के मामले में आप थोड़ा परेशान रहेंगे आपकी यह परेशानी नवंबर के महीने में जुलाई

के महीने से समाप्त हो जाएगी और कार्यालय में आपकी स्थिति पूर्ववत अच्छी होगी।

उपाय-आपको चाहिए कि आप मई और जून के महीने में गुरुवार का व्रत करें और मंदिर में जा कर पूजा अर्चना करें।

भाग्य-वर्ष के प्रारंभिक दिनों में आपका भाग्य सामान्य रहेगा । परंतु उसके उपरांत भाग्य से आपको मदद मिलना अत्यंत कम हो जाएगा । भाग्य की इस कमी की पूर्ति आप अपने परिश्रम से कर सकते हैं। उपाय -आपको वर्ष में दो बार राहु और केतु के शांति का उपाय करवाना चाहिए।

परिवार-पारिवारिक दृष्टिकोण से यह वर्ष आपके लिए अच्छा है । आपको समय-समय पर पिताजी का स्नेह मिलेगा और माता जी का आशीर्वाद प्राप्त होगा। भाई बहनों के साथ कोई विशेष अच्छे संबंध नहीं रहेंगे संतान की मदद भी आपको कम मिलेगी । यह भी संभव है कि आपकी संतान किसी परेशानी में फस जाए। उपाय-राहु और केतु की शांति का उपाय किसी विद्वान ब्राह्मण से करवाएं।

स्वास्थ्य-वर्ष 2022 में आपका स्वास्थ्य पहले से अच्छा रहेगा आपके जीवनसाथी को कष्ट हो सकता है कमर और गर्दन में इस वर्ष दर्द की संभावना है अगर आपके जीवनसाथी स्प्लेंडलाइटिस बीमारी से ग्रस्त हैं तो इस वर्ष आपको अपने जीवनसाथी के प्रति सतर्क रहने की आवश्यकता है। उपाय-शनिवार के दिन शनि मंदिर में जाकर पूजन करें।

व्यापार-व्यापार में इस वर्ष उन्नति का योग है । व्यापार में आप के खर्चे बढ़ेंगे । अप्रैल महीने के बाद भाग्य से मदद लेने का प्रयास ना करें । जून जुलाई और सितंबर अक्टूबर में आपके पास धन की आवक बढ़ेगी

। व्यापार में उस समय तेजी से उन्नति होगी। मई और जून के महीने में पार्टनर से आपका वाद विवाद हो सकता है । सावधान रहें। उपाय-चींटियों को शक्कर खिलाएं।

विवाह-अविवाहित जातकों के लिए जनवरी से अप्रैल के बीच में विवाह के अच्छे प्रस्ताव आएंगे । सितंबर महीने में भी अच्छे प्रस्ताव आने की उम्मीद है । अगर आपके दशा और अंतर्दशा ठीक है तो विवाह तय भी हो जाएगा । विश्वोन्तरी दशा अगर ठीक नहीं है अर्थात दशा और अंतर्दशा ठीक नहीं है तो किसी अच्छे विद्वान ब्राह्मण से बात कर आवश्यक उपाय करें। उपाय-घर की बनी पहली रोटी गौ माता को खिलाएं।

मकान-मकान वाहन और जमीन आदि खरीदने के लिए यह वर्ष आपके लिए अति उत्तम है । अप्रैल से लेकर अक्टूबर तक वाहन खरीदने की संभावना अधिक है। मकान और जमीन खरीदने की संभावना पूरे वर्ष भर है परंतु इसके लिए आपकी इच्छा शक्ति भी आवश्यक है। उपाय-आपको मंगलवार का व्रत करना चाहिए और मंगलवार को ही हनुमान जी के मंदिर में जाकर हनुमान जी की पूजा करना चाहिए।

वार्षिक उपाय-ऊपर हर विषय पर अलग-अलग उपाय दिए गए हैं । ये उपाय केवल उस विषय विशेष के लिए ही हैं । जैसे कि अगर आप मकान खरीदना चाहते हैं और मकान खरीदने का कार्य नहीं कर पा रहे हैं तो आपको मंगलवार का व्रत रखना चाहिए अपने संपूर्ण कष्टों के निवारण के लिए आपको चाहिए कि आप किसी विद्वान ब्राह्मण से हर एकादशी और पूर्णमासी को गणेश अथर्वशीर्ष का पाठ करवाएं। मां शारदा से मेरी प्रार्थना है आप सभी स्वास्थ्य सुखी और संपन्न रहें । जय मां शारदा। निवेदक:-

पण्डित अनिल कुमार पाण्डेय
सेवानिवृत्त मुख्य अभियंता
एस्ट्रो साइंटिस्ट और वास्तु शास्त्री
स्टेट बैंक कॉलोनी मकरोनिया
सागर। 470004
मो 7566503333

कन्या राशि के जातकों का वर्ष 2022 का वार्षिक राशिफल ।

कन्या राशि राशि चक्र की छठी राशि है। उत्तराफाल्गुनी नक्षत्र के अंतिम तीन चरण , हस्त नक्षत्र के चारों चरण तथा चित्रा नक्षत्र के प्रथम दो चरण मिलकर कन्या राशि का निर्माण करते हैं । इस राशि का स्वामी बुध है । इसका स्वभाव द्विव स्वभाव है । कन्या राशि की प्रकृति सौम्य है । इस राशि का तत्व पृथ्वी है ,गुण तमोगुणी है जाति वैश्य है । यह दिन में बलि होती है । यह दक्षिण दिशा की स्वामी है । यह राशि त्रिधातु प्रकृति की है।शरीर में कमर , पेट और लीवर पर होने वाले सभी क्रियाओं का असर इसी राशि से देखा जाता है। यह एक शुष्क राशि है । इस राशि के लोग उन्नति करने वाले और स्वाभिमानी होते हैं । इस राशि के जातक विलासी सज्जनों को प्रिय, सुंदर ,धर्म से परिपूर्ण , दानी

,निपुण कवि , वैदिक मार्ग के अनुगामी ,सभी लोगों को प्रिय , नाटक नृत्य और गीत की धुन में आसक्त और प्रवासी होते हैं। इस राशि वालों के लिए मंगल बाधक ग्रह होता है । वृश्चिक राशि बाधक राशि होती है और शुक्र इनके लिए शुभ ग्रह होते हैं।

वर्ष के प्रारंभ में गुरु मकर राशि में रहेंगे । 13 अप्रैल से मीन राशि गोचर करेंगे । 29 जुलाई से गुरु मीन राशि में वक्री होंगे तथा 24 नवंबर से मार्गी हो जाएंगे । इसी प्रकार शनि 28 अप्रैल को कुंभ राशि में प्रवेश करेंगे । 5 जून से शनि वक्री होंगे तथा 12 जुलाई को मकर में प्रवेश करेंगे । 13 अक्टूबर से शनि मकर राशि में मार्गी हो जाएंगे । राहु 11 अप्रैल को अपनी उच्च राशि वृष से वक्री चाल चलते हुए मेष राशि में प्रवेश करेंगे तथा पूरे वर्ष भर मेष राशि में ही रहेंगे।

अन्य ग्रह जैसे सूर्य मंगल शुक्र आदि महीने के अनुसार बदलते रहेंगे।

वर्ष 2022 कन्या राशि के जातकों के लिए वर्ष के प्रारंभिक काल खंड में ठीक नहीं रहेगा परंतु बाकी पूरा वर्ष अत्यंत अच्छा रहने वाला है।

धन उपार्जन-जनवरी 2022 से अप्रैल 2022 तक आपके खर्चों में काफी बढ़ोतरी होगी। जनवरी एवं फरवरी 2022 तथा मई 2022 से अगस्त 2022 तक धन का उपार्जन काफी अच्छा रहेगा। इसके उपरांत नवंबर एवं दिसंबर का महीना भी धन प्राप्ति के लिए अच्छा रहेगा।

उपाय - किसी विद्वान ब्राह्मण को कुंडली दिखाकर आपको पुखराज धारण करना चाहिए । इसके अलावा आपको पुस्तकों का दान देना चाहिए ।

कैरियर-जनवरी से अप्रैल के बीच में आप का ट्रांसफर का योग है। इसके अलावा अगर आप कर्मचारी हैं तो इसी अवधि में आपको कार्यालय में परेशान भी किया जा सकता है । परंतु मई 2022 से कार्यालय में आपकी स्थिति में काफी परिवर्तन होगा और आपको उचित प्रतिष्ठा प्राप्त होगी। आपको अपने कार्यालय में अपने शत्रुओं से जुलाई से

अक्टूबर तक सावधान रहना चाहिए।
उपाय -आपको प्रतिदिन घर से निकलने के पहले अपने पिता जी का पैर छूकर आशीर्वाद प्राप्त करना चाहिए।

भाग्य-जनवरी से अप्रैल 2022 तक भाग्य से आपको कोई विशेष मदद नहीं मिलेगी । आपका पुरुषार्थ ही आपके कार्यों की सिद्धि का कारण बनेगा। मई महीने से आपके भाग्य से थोड़ी थोड़ी मदद मिलना प्रारंभ हो जावेगी और समय-समय पर मदद मिलेगी । संक्षिप्त में आपको वर्ष 2022 में भाग्य पर यकीन नहीं करना चाहिए तथा परिश्रम कर सफलताएं प्राप्त करना चाहिए।
उपाय-आपको काले कुत्ते को रोटी खिलाना चाहिए

परिवार-वर्ष 2022 में आपको अपने परिवार से विशेष मदद नहीं मिलेगी । परंतु यह भी सत्य है कि आपके माता पिता अपने ताकत भर आपका साथ देंगे । भाई बहनों का अल्प सहयोग आपको प्राप्त होगा। आपको अपने संतान का भी अत्यंत कम सहयोग प्राप्त होगा। संतान को अपनी सफलताओं में कमी दिखेगी।
उपाय-शनिवार के दिन दक्षिण मुखी हनुमान जी के मंदिर में जाकर कम से कम 3 बार हनुमान चालीसा का जाप करें।

स्वास्थ-वर्ष 2022 में आप नसों के रोग जैसे कमर और गर्दन में दर्द आदि से पीड़ित रहेंगे । इसके अलावा यह भी संभव है कि अप्रैल महीने के बाद आपके साथ छोटा-मोटा एक्सीडेंट हो। स्वास्थ्य सामान्य रहने की उम्मीद है ।जनवरी से अप्रैल के बीच में आपके पेट में भी पीड़ा हो सकती है या पेट के अंदर के किसी अंग में कोई व्यवधान हो सकता है।
उपाय-आपको चाहिए कि आप इस तरह की कोई पीड़ा महसूस करने पर भगवान शिव का अभिषेक करवाएं।

व्यापार-अप्रैल के बाद से आपके व्यापार में उन्नति का योग है । अगर आप ध्यान देंगे और योजनाएं ठीक से बनाएंगे और इन योजनाओं पर अमल करेंगे तो निश्चित रूप से आपका व्यापार बड़ी तेजी से उन्नति की ओर अग्रसर होगा ।अगर आप कोचिंग सेंटर चला रहे हैं तो आपका कोचिंग सेंटर बच्चों से भरपूर हो जाएगा।
उपाय-चिड़ियों को दाना दें।

विवाह-अगर आप अविवाहित हैं तो इस वर्ष विवाह होने की संभावना 90 प्रतिशत है । अप्रैल-मई तथा सितंबर अक्टूबर में विवाह होने की संभावना ज्यादा है। आपका जीवन साथी आपकी उम्मीदों से ज्यादा अच्छा होगा।
उपाय-सप्ताह में एक बार मंदिर में जाकर गरीबों को चावल का दान दें। इसी प्रकार स्कूल में जाकर गरीब बच्चों को पुस्तक का दान दें ।

मकान जमीन कार आदि खरीदना-जनवरी से अप्रैल के बीच में इस तरह की सामग्री खरीदने का एक संयोग बन रहा है। इसके अलावा पूरे वर्ष में आप द्वारा मकान आदि खरीदे जाने का संयोग बहुत कमजोर है। परंतु आपको इससे निराशा होने की आवश्यकता नहीं है । आपको चाहिए कि आप इस समय का सदुपयोग धनराशि इकट्ठा करने में करें।
उपाय-गुरुवार के दिन व्रत रखें और विष्णु सहस्त्रनाम का जाप करें।

वार्षिक उपाय-ऊपर हर विषय पर अलग-अलग उपाय दिए गए हैं । ये उपाय केवल उस विषय विशेष के लिए ही हैं । जैसे कि अगर आप मकान खरीदना चाहते हैं और मकान खरीदने का कार्य नहीं कर पा रहे हैं तो आपको गुरुवार का व्रत रखना चाहिए ।
अपने संपूर्ण कष्टों के निवारण के लिए आपको चाहिए कि आप किसी विद्वान ब्राह्मण से महीने के प्रथम सोमवार को तथा सोमवती अमावस्या को भगवान शिव का अभिषेक करवाएं ।

मां शारदा से मेरी प्रार्थना है आप सभी स्वास्थ्य सुखी और संपन्न रहें ।
जय मां शारदा।
निवेदक:-
पण्डित अनिल कुमार पाण्डेय
सेवानिवृत्त मुख्य अभियंता
एस्ट्रो साइंटिस्ट और वास्तु शास्त्री
स्टेट बैंक कॉलोनी मकरोनिया
सागर। 470004
मो 7566503333

तुला राशि के जातकों का वर्ष 2022 का वार्षिक राशि फल।

तुला राशि राशि चक्र की सातवीं राशि है। चित्रा नक्षत्र के अंतिम दो चरण , स्वाति नक्षत्र के चारों चरण तथा विशाखा नक्षत्र के प्रथम तीन चरण मिलकर तुला राशि का निर्माण करते हैं । इस राशि का स्वामी शुक्र है । इस राशि की आकृति तराजू लिए पुरुष जैसी होती है । इसका स्वभाव चर है । तुला राशि की प्रकृति क्रूर है । इस राशि का तत्व वायु है ,गुण राजसी है जाति शुद्र है । यह दिन में बलि होती है । यह पश्चिम दिशा की स्वामी है । यह राशि त्रिधातु प्रकृति की है।शरीर में वस्ति और चर्म पर होने वाले सभी क्रियाओं का असर इसी राशि से देखा जाता है। यह एक सजल राशि है । इस राशि के जातक विचारशील पढ़ने की रुचि वाले जिज्ञासु राजनीति में कुशल तथा अपना कार्य सिद्ध करने में दक्ष

होते हैं। ये अकारण क्रोध करने वाले , मधुर भाषी , दयालु , चंचल नेत्रों वाले , व्यापार में चतुर , देवताओं का पूजन करने वाले , परदेश वासी तथा मित्रों के प्रिय पात्र होते हैं । इस राशि वालों के लिए सूर्य बाधक ग्रह होता है । सिंह राशि बाधक राशि होती है और शनि इनके लिए शुभ ग्रह होते हैं।

वर्ष के प्रारंभ में गुरु मकर राशि में रहेंगे । 13 अप्रैल से मीन राशि गोचर करेंगे । 29 जुलाई से गुरु मीन राशि में वक्री होंगे तथा 24 नवंबर से मार्गी हो जाएंगे । इसी प्रकार शनि 28 अप्रैल को कुंभ राशि में प्रवेश करेंगे । 5 जून से शनि वक्री होंगे तथा 12 जुलाई को मकर में प्रवेश करेंगे । 13 अक्टूबर से शनि मकर राशि में मार्गी हो जाएंगे । राहु 11 अप्रैल को अपनी उच्च राशि वृष से वक्री चाल चलते हुए मेष राशि में प्रवेश करेंगे तथा पूरे वर्ष भर मेष राशि में ही रहेंगे।

अन्य ग्रह जैसे सूर्य मंगल शुक्र आदि महीने के अनुसार बदलते रहेंगे।

तुला राशि के जातक जो जनप्रतिनिधि है उनके लिए अप्रैल 2022 तक का समय अत्यंत उत्तम है यह शब्द में इस अवधि में कोई भी इलेक्शन जीत सकते हैं। अप्रैल 2022 के बाद 29 शब्दों की मात्रा बढ़ जाएगी तथा मई और जून के महीने में उनको थोड़ी परेशानी आ सकती है अक्टूबर माह के उपरांत जनता में उनकी मान मर्यादा बढ़ेगी।

धन उपार्जन -जनवरी से अप्रैल तक तुला राशि के जातकों को लगातार धन मिलता रहेगा । अप्रैल के उपरांत उनके खर्चों में भारी वृद्धि होगी । इस समय अगर वह कर्मचारी हैं तो ऐसा कार्य मिल सकता है जिसमें धन आने की संभावना अल्प हो। मई के महीने से गलत रास्ते से अल्प धन आने की संभावना है । अगस्त और सितंबर के महीने में आपको धन लाभ होगा।

उपाय - आपको चाहिए कि आप गुरुवार का व्रत करें और विष्णु सहस्रनाम का जाप करें।

कैरियर-अप्रैल जनवरी से लेकर अप्रैल के बीच तक आपका कैरियर स्थिर रहेगा । अर्थात आप जैसे स्थान पर हैं वैसे ही स्थान पर रहेंगे। अगर आप किसी कार्यालय में कर्मचारी हैं तो अप्रैल के बाद आपकी सीट बदल सकती है या स्थान बदल सकता है। समय आपको सावधान रहना चाहिए और किसी अधिकारी से वाद-विवाद नहीं करना चाहिए। उपाय - आपको चाहिए कि आप घर की बनी पहली रोटी गौमाता को दें।

भाग्य- इस वर्ष भाग्य आपका बहुत साथ नहीं देगा । आपको अपने परिश्रम पर ज्यादा विश्वास करना होगा । अप्रैल के महीने तक भाग्य के कारण आपका कोई नुकसान नहीं होगा । परंतु उसके बाद अगर आप परिश्रम नहीं करेंगे तो भाग्य का के कारण नुकसान संभव है । जुलाई और दिसंबर के महीने में आपको भाग्य से थोड़ी मदद मिलेगी।
उपाय 7- आपको पन्ना पहनना चाहिए।

परिवार- आपकी और आपके जीवनसाथी के संबंध वर्ष के प्रारंभिक दिनों में बहुत अच्छे रहेंगे ।वर्ष के मध्य में और आखिर में स्वास्थ्य के कारण आप दोनों के संबंधों में तनाव हो सकता है ।भाई बहनों के साथ वर्ष के मध्य में और अंत में संबंधों में खटास आएगी । आप जितना चाहते होंगे आपके भाई-बहन उतना सपोर्ट नहीं करेंगे या बिल्कुल ही सपोर्ट नहीं करेंगे। आपकी संतान पूरे वर्ष भर आपके साथ सहयोग करेगी और आप के आशीर्वाद से संतान की उन्नति भी होगी।
उपाय -राहु और केतु की शांति हेतु किसी विद्वान ब्राह्मण से उपाय करवाएं।

स्वास्थ्य-आपका या आपके जीवन साथी का वर्ष के प्रारंभ को छोड़कर मध्य और अंत में स्वास्थ्य में खराबी आएगी । इस बात की पूरी संभावना है कि गले और कमर में पीड़ा हो । इसके अलावा पेट में भी परेशानी हो सकती है । यहां पर पेट मे भी का अर्थ है पेट और पेट के अंदर के अंग।

उपाय -आपको चाहिए कि आप दक्षिण मुखी हनुमान जी के मंदिर में शनिवार को जाकर कम से कम 3 बार हनुमान चालीसा का जाप करें।

व्यापार-व्यापार और कारोबार की स्थिति सामान्य रहेगी अगस्त और सितंबर में जनवरी और फरवरी में व्यापार काफी अच्छा चलेगा इसके अलावा जनवरी से अप्रैल तक भी व्यापार ठीक-ठाक रहेगा लोहे के व्यापारियों को मार्च के बाद फायदे में थोड़ी बढ़ोतरी होगी आपको अपने पार्टनर से इस वर्ष सतर्क रहना चाहिए किसी से पार्टनरशिप में काम करते समय आपको चाहिए कि आप पार्टनर की पूरी तरह से जांच परख कर ले।
उपाय-बुधवार को काले कुत्ते को रोटी खिलाएं। इसके अलावा किसी विद्वान ब्राह्मण से गणेश अथर्वशीर्ष का पूरे वर्ष पाठ करवाएं।

विवाह-इस वर्ष मई-जून तथा अक्टूबर-नवंबर में अविवाहित जातकों के विवाह के अच्छे संयोग बनेंगे । इसके अलावा बाकी महीनों में भी प्रस्ताव आएंगे । परंतु प्रस्ताव में कोई न कोई व्यक्ति कैंची मारने में के कार्य में लगा रहेगा । अतः ऐसे लोगों से आपको सावधान रहना चाहिए ।अन्यथा ये लोग विवाह नहीं होने देंगे।
उपाय-राहु और केतु की शांति का उपाय करवाएं।

मकान - वर्ष 2022 में आपके लिए कई बार मकान आज खरीदने के अच्छे संयोग आएंगे । इनका अगर आप उपयोग करें तो आप मकान जमीन कार एसी इतिहास सुख सामग्री की वस्तुएं खरीद सकेंगे । आपके लिए सबसे अधिक संभावना कार खरीदने की है । अगर आप कार खरीदना चाहते है तो आप निश्चित रूप से इस वर्ष कार को खरीद लेंगे साथ ही यह भी तय है कि कार अत्यंत उत्कृष्ट कोटि की होगी।
उपाय-शनिवार को शनि मंदिर में जाकर शनि देव का पूजन करें।
वार्षिक उपाय-ऊपर हर विषय पर अलग-अलग उपाय दिए गए हैं । ये उपाय केवल उस विषय विशेष के लिए ही हैं । जैसे कि अगर आप

मकान खरीदना चाहते हैं और मकान खरीदने का कार्य नहीं कर पा रहे हैं तो आपको शनिदेव का पूजन करना चाहिए ।

अपने संपूर्ण कष्टों के निवारण के लिए आपको चाहिए कि आप किसी विद्वान ब्राह्मण से महीने के प्रथम सोमवार को तथा सोमवती अमावस्या को भगवान शिव का दूध से अभिषेक करवाएं ।

मां शारदा से मेरी प्रार्थना है आप सभी स्वास्थ्य सुखी और संपन्न रहें ।

जय मां शारदा।

निवेदक:-

पण्डित अनिल कुमार पाण्डेय

सेवानिवृत्त मुख्य अभियंता

एस्ट्रो साइंटिस्ट और वास्तु शास्त्री

स्टेट बैंक कॉलोनी मकरोनिया

सागर। 470004

मो 7566503333

वृश्चिक राशि के जातकों का वर्ष 2022 का वार्षिक राशि फल।

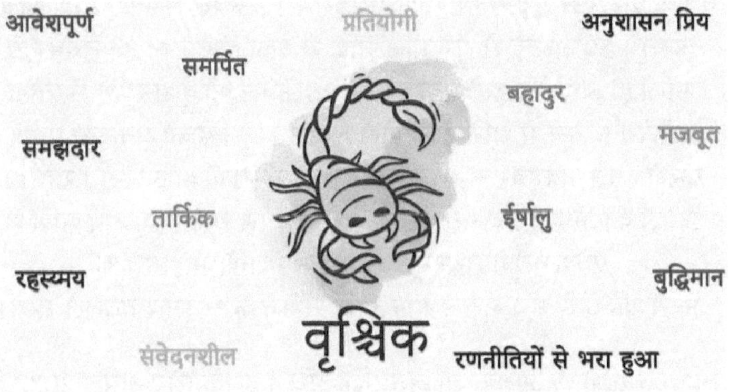

वृश्चिक राशि राशि चक्र की आठवीं राशि है। विशाखा नक्षत्र का अंतिम एक चरण , अनुराधा नक्षत्र के चारों चरण तथा ज्येष्ठा नक्षत्र के चारों चरण मिलकर वृश्चिक राशि का निर्माण करते हैं । इस राशि का स्वामी मंगल है । इस राशि की आकृति बिच्छू जैसी होती है । इसका स्वभाव स्थिर है । वृश्चिक राशि की प्रकृति सोम्य है । इस राशि का तत्व जल है ,गुण राजसी है जाति ब्राम्हण है । यह दिन में बलि होती है । यह उत्तर दिशा की स्वामी है । यह राशि कफ प्रकृति की है।शरीर में गुप्तांग और गुदा पर होने वाले सभी क्रियाओं का असर इसी राशि से देखा जाता है। यह एक सजल राशि है । इस राशि के जातक दृढ़ निश्चयी तीक्ष्ण वाणी युक्त एवं स्पष्ट वक्ता होते हैं । शरीर की लंबाई एवं जननेन्द्रिय का

विचार भी इस राशि से किया जाता है । वृश्चिक राशि में उत्पन्न व्यक्ति बाल्यावस्था से ही परदेश में रहने वाला , शूरवीर, अभिमानी और साहस से धन प्राप्त करने वाला होता है। । इस राशि वालों के लिए शुक्र बाधक ग्रह होता है । वृष राशि बाधक राशि होती है और चंद्रमा इनके लिए शुभ ग्रह होते हैं।

वर्ष के प्रारंभ में गुरु मकर राशि में रहेंगे । 13 अप्रैल से मीन राशि गोचर करेंगे । 29 जुलाई से गुरु मीन राशि में वक्री होंगे तथा 24 नवंबर से मार्गी हो जाएंगे । इसी प्रकार शनि 28 अप्रैल को कुंभ राशि में प्रवेश करेंगे । 5 जून से शनि वक्री होंगे तथा 12 जुलाई को मकर में प्रवेश करेंगे । 13 अक्टूबर से शनि मकर राशि में मार्गी हो जाएंगे । राहु 11 अप्रैल को अपनी उच्च राशि वृष से वक्री चाल चलते हुए मेष राशि में प्रवेश करेंगे तथा पूरे वर्ष भर मेष राशि में ही रहेंगे।

अन्य ग्रह जैसे सूर्य मंगल शुक्र आदि महीने के अनुसार बदलते रहेंगे।

वृश्चिक राशि के जातक जो जनप्रतिनिधि है उनके लिए अप्रैल 2022 के बाद का समय अत्यंत उत्तम है ।ये इस अवधि में कोई भी इलेक्शन जीत सकते हैं। तथा जून जुलाई-अगस्त सितंबर और अक्टूबर के महीने में उनको थोड़ी परेशानी आ सकती है ।अक्टूबर माह के उपरांत जनता में उनकी मान मर्यादा बढ़ेगी।

धन उपार्जन - वर्ष 2022 के प्रारंभ में धन उपार्जन थोड़ा कम होगा परंतु मध्य और अंत में उचित मात्रा में धन प्राप्त होगा। अगस्त, सितंबर और अक्टूबर के महीनों में भारी मात्रा में धन आएगा। इसके अलावा मार्च-अप्रैल में भी धन आएगा । आपको चाहिए कि आप इस अवधि में पर्याप्त परिश्रम करें जिससे समय अनुसार आपको अधिक धन मिल सके।

उपाय- आपको चाहिए कि आप स्नान करने के उपरांत तांबे के पात्र में जल लेकर तथा उसमें लाल पुष्प और अक्षत डालकर भगवान सूर्य को

सूर्य के मंत्रों के साथ अर्पण करें।,

कैरियर-आपका कैरियर पूरे वर्ष भर सामान्य रहेगा । अप्रैल माह के बाद आपको एक ऐसे व्यक्ति का सहयोग प्राप्त होगा जो कार्यालय में आपकी हर तरह से मदद करें करेगा ।जुलाई और अगस्त के महीने में कार्यालय में आपका रूतबा बढ़ेगा। परंतु इस समय आपको चाहिए कि आप अधिकारियों से व्यर्थ का वाद विवाद ना करें।
उपाय-आपको चाहिए कि आप शनिवार को पीपल के पेड़ के नीचे आटे दीपक में दीया जलाकर पीपल के पेड़ की सात बार परिक्रमा करें।

भाग्य-वर्ष 2022 के पूर्वार्ध में आपका भाग्य सामान्य रूप से कार्य करेगा । परंतु वर्ष के मध्य में और अंत में आपको भाग्य से आपको बहुत मदद मिलेगी विशेषकर मई ,जून और नवंबर दिसंबर के महीने में । भाग्य की वजह से आप के अधिकांश कार्य हो सकते हैं। परंतु इसका अर्थ यह नहीं है किया पुरुषार्थ ना करें केवल भाग्य के सहारे ही बैठ जाएं।
उपाय-गुरुवार का व्रत रखें और गुरु का जाप करें।

परिवार-वर्ष के प्रारंभ में आपका या आपके जीवन साथी का स्वास्थ्य खराब हो सकता है। इस समय आपको अपने स्वास्थ्य के प्रति सतर्क रहने की आवश्यकता है। वर्ष के मध्य एवं अंत में आपके स्वास्थ्य खराब रहने की संभावना ज्यादा है । इस समय आपके जीवन साथी का स्वास्थ्य उत्तम रहेगा । अप्रैल महीने के बाद से आपके पिताजी के स्वास्थ्य में थोड़ी कमजोरी आएगी जो कि जून महीने तक चलेगी । जून महीने से आपके पिताजी का स्वास्थ्य ठीक होने लगेगा । आपका अपने भाई बहनों से संबंध सामान्य रहेगा ।आपके संतान को फरवरी महीने के बाद से प्रमोशन इत्यादि मिल सकता है।
उपाय -घर की बनी पहली रोटी गौ माता को दें.

स्वास्थ्य-वर्ष के प्रारंभ में आपका स्वास्थ्य खराब हो सकता है। । वर्ष के मध्य एवं अंत में आपके स्वास्थ्य खराब रहने की संभावना ज्यादा है । वर्ष के मध्य एवं अंत में छोटे-मोटे एक्सीडेंट हो सकते हैं।
उपाय-आपको चाहिए कि आप राहु की शांति का उपाय करवाएं।

व्यापार-वर्ष 2022 में आपका व्यापार ठीक चलेगा इसमें समय-समय पर तेजी आएगी मार्च-अप्रैल और सितंबर अक्टूबर में आपके व्यापार में विशेष रुप से तेजी आएगी। आपको इस समय का विशेष रूप से उपयोग करना चाहिए। व्यापार में तेजी के लिए भाग्य का भी योगदान होता है ।आपका व्यापार विशेष रुप से अप्रैल के महीने के बाद तेजी से सफल होगा।
उपाय-आपको चाहिए कि आप महीने में एक बार सत्यनारायण भगवान की कथा सुनें।

विवाह-अविवाहित जातकों के लिए वर्ष के प्रारंभ में विवाह में बहुत बाधाएं आएंगी। आपको चाहिए कि आप इन बाधाओं से पूर्व से ही सतर्क रहें। जून-जुलाई तथा नवंबर और दिसंबर के महीने में आपके पास शादी के कई प्रस्ताव आएंगे जिनका उपयोग आपको करना चाहिए।
उपाय-किसी विद्वान ब्राह्मण से राहु के शांति का उपाय करवाएं तथा पुखराज धारण करें।

मकान कार जमीन आदि -आपकी कुंडली के गोचर में सुखेश अपने भाव में अप्रैल के अंत में पहुंचेगा जिसके बाद से इस बात की पूरी संभावना होगी कि आप अगर प्रयास करें तो मकान कार जमीन आज खरीद सकते हैं। इसी समय से आपकी कुंडली के गोचर के अनुसार आपके खर्चे में भी वृद्धि हो रही है ।अतः इस बात की पूरी संभावना है कि खर्चे में यह वृद्धि मकान कार आदि खरीदने के कारण हो।
उपाय-आपको हर शनिवार को दक्षिण मुखी हनुमान जी के मंदिर में जाकर कम से कम 3 बार हनुमान चालीसा का जाप करना चाहिए।

वार्षिक उपाय-ऊपर हर विषय पर अलग-अलग उपाय दिए गए हैं । ये उपाय केवल उस विषय विशेष के लिए ही हैं । जैसे कि अगर आप मकान खरीदना चाहते हैं और मकान खरीदने का कार्य नहीं कर पा रहे हैं तो आपको वर्ष के हर शनिवार को दक्षिण मुखी हनुमान जी के मंदिर में जाकर हनुमान चालीसा का जाप करना है ।

अपने संपूर्ण कष्टों के निवारण के लिए आपको चाहिए कि आप किसी विद्वान ब्राह्मण से महीने के पूर्णमासी और एकादशी को सुंदरकांड का पाठ कराना चाहिए।

मां शारदा से मेरी प्रार्थना है आप सभी स्वास्थ्य सुखी और संपन्न रहें ।
जय मां शारदा।

निवेदक:-

पण्डित अनिल कुमार पाण्डेय
सेवानिवृत्त मुख्य अभियंता
एस्ट्रो साइंटिस्ट और वास्तु शास्त्री
स्टेट बैंक कॉलोनी मकरोनिया
सागर। 470004
मो 7566503333

धनु राशि के जातकों का वर्ष 2022 का वार्षिक राशि फल।

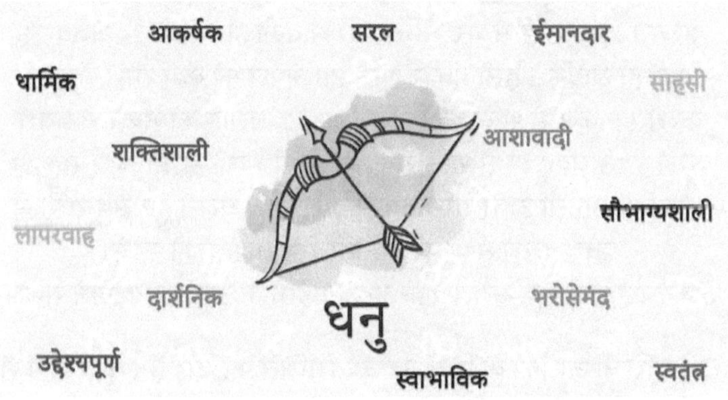

धनु राशि राशि चक्र की नवीं राशि है। मूल नक्षत्र के चारों चरण , पूर्वाषाढ़ा नक्षत्र के चारों चरण तथा उत्तराषाढ़ा नक्षत्र का प्रथम चरण मिलकर धनु राशि का निर्माण करते हैं । इस राशि का स्वामी गुरु है । इस राशि की आकृति ऊपरी भाग धनुष लिए मनुष्य एवं निचला हिस्सा घोड़े के समान होता है । । इसका स्वभाव स्थिर है । धनु राशि की प्रकृति क्रूर है । इस राशि का तत्व अग्नि है ,गुण सात्विक है जाति क्षत्रिय है । यह रात्रि में बली होता है । यह पूर्व दिशा की स्वामी है । यह राशि पित्त प्रकृति की है।शरीर में जांघ और कमर पर होने वाले सभी क्रियाओं का असर इसी राशि से देखा जाता है। यह एक शुष्क राशि है । इस राशि के जातक दयालु, परोपकारी, ईश्वर भक्त ,अधिकार प्रिय एवं

मर्यादित होते हैं । ये शूरवीर ,सत्य बुद्धि से युक्त , सात्विक , आनंद प्रदान करने वाले , शिल्प विज्ञान से संपन्न , धन से युक्त , सुंदर स्त्री वाले , चरित्रवान , सुंदर शब्दों को बोलने वाले तेजस्वी तथा मोटे शरीर वाले होते हैं। इस राशि वालों के लिए शनि बाधक ग्रह होता है । कुंभ राशि बाधक राशि होती है और सूर्य इनके लिए शुभ ग्रह होते हैं।

वर्ष के प्रारंभ में गुरु मकर राशि में रहेंगे । 13 अप्रैल से मीन राशि गोचर करेंगे । 29 जुलाई से गुरु मीन राशि में वक्री होंगे तथा 24 नवंबर से मार्गी हो जाएंगे । इसी प्रकार शनि 28 अप्रैल को कुंभ राशि में प्रवेश करेंगे । 5 जून से शनि वक्री होंगे तथा 12 जुलाई को मकर में प्रवेश करेंगे । 13 अक्टूबर से शनि मकर राशि में मार्गी हो जाएंगे । राहु 11 अप्रैल को अपनी उच्च राशि वृष से वक्री चाल चलते हुए मेष राशि में प्रवेश करेंगे तथा पूरे वर्ष भर मेष राशि में ही रहेंगे।

अन्य ग्रह जैसे सूर्य मंगल शुक्र आदि महीने के अनुसार बदलते रहेंगे।

धनु राशि के जातकों के लिए यह वर्ष मिश्रित फलदाई है । कुछ क्षेत्रों में बहुत अच्छे परिणाम मिलेंगे , कुछ में सामान्य और कुछ में खराब ।

धन उपार्जन-जनवरी से अप्रैल तक आपको बहुत सामान्य धन लाभ होगा । मई और जून के महीने में धन लाभ थोड़ा ज्यादा होने की संभावना है ।अक्टूबर और नवंबर के महीने में आपको अच्छा धन लाभ होगा । पूरे अक्टूबर एवं नवंबर माह में अच्छा धन लाभ नहीं होगा । अक्टूबर और नवंबर दोनों महीनों के कुछ दिनों में अच्छा धन लाभ होगा।

उपाय- आपको चाहिए कि आप शुक्रवार को किसी मंदिर में जाकर गरीबों को चावल का दान दें।

कैरियर-जनवरी फरवरी मार्चऔर अप्रैल के महीने आपके कैरियर की दृष्टि से सामान्य है। मई और जून के महीने में आपके कैरियर में एक उछाल या गिरावट आ सकती है । यह भी संभव है कि उस समय

आपका स्थान हो या सीट बदली जाए ।आपके खर्च में बढ़ोतरी होगी ।
जुलाई अगस्त ,सितंबर और अक्टूबरके महीने में फिर आपका कैरियर
स्थिर हो जाएगा । नवंबर और दिसंबर के महीने में फिर आपके कैरियर
में उछाल या गिरावट आ सकती है। अच्छी या बुरी पोस्टिंग आपके दशा
और अंतर्दशा पर निर्भर करती है।
उपाय-आपको विष्णु सहस्त्रनाम का जाप करना चाहिए।

भाग्य- वर्ष के प्रारंभ में आपका भाग्य आपका साथ देगा । और उसके
बाद आपका भाग्य सामान्य हो जाएगा । अप्रैल के महीने से आपको
भाग्य की मदद बहुत कम मिलेगी ।अतः आपको अपने परिश्रम पर
विश्वास करना चाहिए । आपको अपने किए गए परिश्रम के अनुपात में
ही फल की प्राप्ति होगी ।
उपाय- आपको शनिवार के दिन शनि मंदिर में जा कर पूजा अर्चना
करनी चाहिए।

परिवार- अप्रैल के महीने के बाद आपको अपने माता जी से बहुत ज्यादा
सहयोग प्राप्त होगा । जनता में भी आपकी प्रतिष्ठा बढ़ेगी । पिताजी के
साथ आपके संबंध सामान्य ही रहेंगे । भाई बहनों के साथ आपके संबंध
कोई बहुत अच्छे नहीं रहेंगे । इस वर्ष आपको अपनी संतान से बहुत
सहयोग प्राप्त नहीं होगा ।
उपाय-आपके प्रति गुरुवार राम रक्षा स्त्रोत का जाप करना चाहिए।

स्वास्थ्य-आपके स्वास्थ्य में इस वर्ष कुछ व्यवधान आ सकते हैं । यह
संभव है की छोटे-मोटे ऑपरेशन भी हो । आपके जीवन साथी का
स्वास्थ्य उत्तम रहेगा । आपके जीवन साथी को चमड़ी संबंधी कोई
परेशानी हो सकती है।
उपाय-हर बुधवार आपको काले कुत्ते को रोटी खिलाना चाहिए।

व्यापार-इस वर्ष मार्च-अप्रैल तथा सितंबर अक्टूबर मैं आपका व्यापार तेजी से आगे बढ़ेगा । जिसके कारण आपको धन की भी प्राप्ति होगी । जून और जुलाई महीने में भी आपके व्यापार में तेजी आएगी । इस प्रकार पूरा वर्ष आपके लिए व्यापार के संबंध में ठीक है । परंतु व्यापार में तरक्की तभी होगी जब आप पूरी तरह से उसमें ध्यान दें और कार्य करें।

उपाय-बुधवार के दिन गाय को हरा चारा खिलाएं।

विवाह-अविवाहित जातकों के लिए जनवरी से अप्रैल के बीच में विवाह के अच्छे प्रस्ताव आएंगे । आपको इन प्रस्तावों पर अच्छे से कार्यवाही करनी है अन्यथा ये प्रस्ताव , प्रस्ताव भर ही रह जाएंगे। जनवरी फरवरी-मार्च तथा जुलाई और अगस्त में अगर आपकी दशा अंतर्दशा ठीक है तो विवाह तय हो कर होने की भी उम्मीद है।

उपाय-गुरुवार को राम रक्षा स्त्रोत का जाप करें तथा रामचंद्र जी के मंदिर में जाकर भिखारियों को चावल का दान दें ।

मकान कार जमीन आदि खरीदना -मई और जून के महीने में इस बात की बहुत संभावना है कि आप मकान जमीन आदि खरीदें । इसके उपरांत नवंबर और दिसंबर के महीने में भी इस प्रकार के संयोग बनेंगे । उसके अलावा पूरे वर्ष में इस बात के संयोग बन सकते हैं कि आप कुछ बड़ी खरीदारी करें या कुछ बड़ा खर्चा करें।

उपाय-अपने घर की बनी पहली रोटी गौ माता को खिलाएं।

वार्षिक उपाय-ऊपर हर विषय पर अलग-अलग उपाय दिए गए हैं । ये उपाय केवल उस विषय विशेष के लिए ही हैं । जैसे कि अगर आप मकान खरीदना चाहते हैं और मकान खरीदने का कार्य नहीं कर पा रहे हैं तो आपको अपने घर की बनी पहली रोटी गौ माता को खिलानी है । अपने संपूर्ण कष्टों के निवारण के लिए आपको चाहिए कि आप इस वर्ष की सभी एकादशी को व्रत रखें और सुंदरकांड का पाठ करें ।

मां शारदा से मेरी प्रार्थना है आप सभी स्वास्थ्य सुखी और संपन्न रहें ।

जय मां शारदा।

निवेदक:-

पण्डित अनिल कुमार पाण्डेय

सेवानिवृत्त मुख्य अभियंता

एस्ट्रो साइंटिस्ट और वास्तु शास्त्री

स्टेट बैंक कॉलोनी मकरोनिया

सागर। 470004

मो 7566503333

मकर राशि के जातकों का वर्ष 2022 का वार्षिक राशि फल।

मकर राशि राशि चक्र की दसवीं राशि है। उत्तराषाढ़ा नक्षत्र के अंतिम तीन चरण चरण , श्रवण नक्षत्र के चारों चरण तथा धनिष्ठा नक्षत्र का प्रथम दो चरण मिलकर मकर राशि का निर्माण करते हैं । इस राशि का स्वामी शनि है । इस राशि की आकृति मगर समान होती है । । इसका स्वभाव चर है । धनु राशि की प्रकृति सोम्य है । इस राशि का तत्व पृथ्वी है ,गुण तमोगुणी है जाति वैश्य है । यह रात्रि में बली होता है । यह दक्षिण दिशा की स्वामी है । यह राशि वात प्रकृति की है।शरीर में जोड़ और घुटने पर होने वाले सभी क्रियाओं का असर इसी राशि से देखा जाता है। यह एक सजल राशि है । इस राशि के जातक विद्वान संगीतज्ञ सुंदर स्त्रियों का प्रिय पात्र पुत्रों से युक्त माता का पेड़ धनी

त्यागी अच्छी नौकरी वाला दयालु बहुत भाइयों वाला और सुख लिए अधिक चिंतन करने वाला होता है । इस राशि वालों के लिए मंगल बाधक ग्रह होता है । वृश्चिक राशि बाधक राशि होती है और बुध इनके लिए शुभ ग्रह होते हैं।

वर्ष के प्रारंभ में गुरु मकर राशि में रहेंगे । 13 अप्रैल से मीन राशि गोचर करेंगे । 29 जुलाई से गुरु मीन राशि में वक्री होंगे तथा 24 नवंबर से मार्गी हो जाएंगे । इसी प्रकार शनि 28 अप्रैल को कुंभ राशि में प्रवेश करेंगे । 5 जून से शनि वक्री होंगे तथा 12 जुलाई को मकर में प्रवेश करेंगे । 13 अक्टूबर से शनि मकर राशि में मार्गी हो जाएंगे । राहु 11 अप्रैल को अपनी उच्च राशि वृष से वक्री चाल चलते हुए मेष राशि में प्रवेश करेंगे तथा पूरे वर्ष भर मेष राशि में ही रहेंगे।

अन्य ग्रह जैसे सूर्य मंगल शुक्र आदि महीने के अनुसार बदलते रहेंगे।

वर्ष 2022 मकर राशि के जातकों के लिए मिश्रित फलदाई है । वर्ष के प्रारंभ में स्थितियां कम अच्छी है । वर्ष के मध्य में स्थितियां बेहतर हो रही हैं तथा अंत में भी बेहतर रहेगी।

धन उपार्जन:-माह जनवरी ,मई और जून ,अगस्त और सितंबर ,नवंबर और दिसंबर में धन आने के अच्छे योग हैं । इन सभी महीनों में धन लाभ होना है कभी कम और कभी ज्यादा। आप को अधिकतर धन अच्छे रास्ते से ही आएगा । बुरे रास्ते से बहुत कम धन नाऐ आने की संभावना है।

उपाय-हर महीने के लिए अलग-अलग उपाय हैं । परंतु आपको सूर्य भगवान को जल पूरे 12 महीने देना चाहिए ।

कैरियर:-कार्यालय के क्षेत्र में आपकी प्रगति अप्रैल माह तक कम रहेगी ।अप्रैल माह के उपरांत मई और जून में आपको उछाल मिल सकता है यह संभव है इस दौरान आपकी सीट बदल दी जाए या आपका आप

कार्य अधिकारियों को अत्यंत पसंद आने लगे । कैरियर की दृष्टि से मई और जून बहुत अच्छे हैं । जुलाई-अगस्त जुलाई से लेकर के अक्टूबर तक का समय थोड़ा कम अनुकूल है । परंतु नवंबर और दिसंबर दोनों बहुत अच्छे हैं।
उपाय-आपको चाहिए कि आप शुक्रवार के दिन मंदिर में जाकर गरीबों के बीच चावल का दान दें।

भाग्य-अप्रैल तक आपको भाग्य से कोई मदद बड़ी मुश्किल से ही मिलेगी । अप्रैल के बाद आपका भाग्य आपका साथ देने लगेगा । इस समयावधि में आपके कई कार्य थोड़े परिश्रम से ही हो जाएंगे । मई और जून गें आपका भाग्य आप की थोड़ी ज्यादा मदद करेगा । जुलाई अगस्त और सितंबर में इस मदद में थोड़ी कमी आएगी । नवंबर और दिसंबर के महीने में पुनः भाग्य आपका अच्छे से साथ देगा।
उपाय-हर बुधवार गाय को हरा चारा खिलाएं।

परिवार-आपको अपने भाई बहनों का सहयोग इस वर्ष कि कुछ विशेष महीनों में ही मिलेगा जैसे मई और जून के महीने में आपको अपने भाई बहनों का अच्छा सहयोग प्राप्त होगा जुलाई अगस्त सितंबर और अक्टूबर के महीने में इस सहयोग में थोड़ी कमी आएगी नवंबर और दिसंबर के महीने में आपको अपने भाई बहनों से अच्छा सहयोग प्राप्त होगा। आपके माता पिता जी निरंतर आपसे प्रसन्न रहेंगे। जनवरी-फरवरी और मार्च के महीने में आपके पिता जी थोड़ा आप से रुष्ट हो सकते हैं। माता जी के स्वास्थ्य में अप्रैल महीने के बाद थोड़ी खराबी आ सकती है । वर्ष 2022 में अप्रैल तक आपकी संतान आपकी कम मदद करेगी । यह भी संभव है कि आपको अपनी संतान से कष्ट भी हो।
उपाय-हर बुधवार को काले कुत्ते को रोटी खिलाएं।

स्वास्थ्य-अप्रैल तक आपका या आपके जीवन साथी का स्वास्थ्य खराब रह सकता है ।आप लोगों के गर्दन में या कमर में दर्द अक्टूबर

नवंबर और दिसंबर के महीने में पुनः यह रोग बढ़ सकता है । छोटे-मोटे एक्सीडेंट होने का भी योग है। आपको चाहिए कि आप वसायुक्त भोजन से परहेज करें और स्वास्थ्य के संबंध में अपनी दिनचर्या में योगासन को महत्व दें।

उपाय-आपको चाहिए कि आप शनिदेव ,राहु और केतु की शांति हेतु किसी विद्वान ब्राह्मण से जाप करवाएं।।

व्यापार-व्यापार के मामले में वर्ष 2022 मिश्रित फल देने वाला है । अधिकांश महीनों में आपको व्यापार से लाभ होगा और कुछ महीने जैसे फरवरी मार्च अप्रैल जुलाई और अक्टूबर में लाभ की मात्रा में काफी कमी आएगी। दिसंबर के महीने में व्यापार के बढ़ाने का अवसर भी मिलेगा । इस बात की पूरी संभावना है कि आपको अपने व्यापार में लाभ प्राप्त करने के लिए अत्यधिक मेहनत करना पड़े। जनवरी फरवरी और मार्च में तथा अक्टूबर नवंबर और दिसंबर में आपको अपने साझेदार के साथ कुछ तनाव युक्त समय भी बिताना पड़ सकता है। उपाय-शनिवार को दक्षिण मुखी हनुमान जी के मंदिर में जाकर 7 बार हनुमान चालीसा का जाप करें ।

विवाह-अविवाहित जातकों की विवाह हेतु वर्ष 2022 में काफी उम्मीद है। जनवरी फरवरी-मार्च तथा अप्रैल एवं अगस्त के महीने में विवाह तय होने की अच्छी उम्मीद है । जून और अक्टूबर के महीने में विवाह के रिश्ते अच्छे आएंगे परंतु उसमें कुछ लोग बाधा खड़ी करेंगे । मई और जून के महीने में विवाह के बहुत अच्छे प्रस्ताव आएंगे । और अगर आप थोड़ा भी प्रयास करेंगे तो अप्रैल या मई और नवंबर दिसंबर के महीने में शादी तय होने की शत प्रतिशत उम्मीद है। वैवाहिक संबंध , अप्रैल के बाद उत्तम रहेंगे।

मकान कार आदि-मकान और जमीन या कार खरीदने के इस वर्ष कई अवसर आएंगे । किस बात की पूरी संभावना है कि आप 27 जून से

लेकर 10 अगस्त के बीच में कोई सुख की वस्तु खरीद लें । नवंबर और दिसंबर के महीने में भी इस तरह के खरीदारी के अच्छे अवसर प्राप्त होंगे। इन सभी अवधि में आपको आसानी से ऋण मिल सकता है । पैतृक संपत्ति के विवाद का हल भी इसी अवधि में हो सकता है। उपाय-आपको चाहिए कि आप चिड़ियों को दाना दें।

वार्षिक उपाय-ऊपर हर विषय पर अलग-अलग उपाय दिए गए हैं । ये उपाय केवल उस विषय विशेष के लिए ही हैं । जैसे कि अगर आप मकान खरीदना चाहते हैं और मकान खरीदने का कार्य नहीं कर पा रहे हैं तो आपको चिड़ियों को दाना चुगाना है ।
अपने संपूर्ण कष्टों के निवारण के लिए आपको चाहिए कि आप इस वर्ष की सभी एकादशी को व्रत रखें और विष्णु सहस्त्रनाम का पाठ करें ।
मां शारदा से मेरी प्रार्थना है आप सभी स्वास्थ्य सुखी और संपन्न रहें ।
जय मां शारदा।
निवेदकः-
पण्डित अनिल कुमार पाण्डेय
सेवानिवृत्त मुख्य अभियंता
एस्ट्रो साइंटिस्ट और वास्तु शास्त्री
स्टेट बैंक कॉलोनी मकरोनिया
सागर। 470004
मो 7566503333

कुंभ राशि के जातकों का वर्ष 2022 का वार्षिक राशिफल।

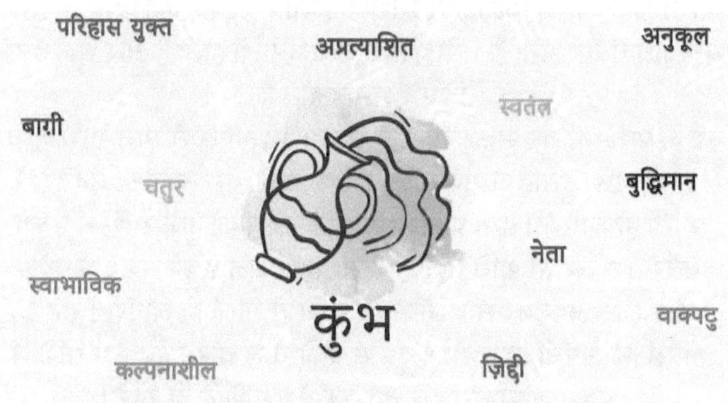

Enter Caption

कुंभ राशि राशि चक्र की ग्यारहवीं राशि है।। धनिष्ठा नक्षत्र के अंतिम दो चरण चरण , शतभिषा नक्षत्र के चारों चरण तथा पूर्वाभाद्रपद नक्षत्र का प्रथम तीन चरण मिलकर कुंभ राशि का निर्माण करते हैं । इस राशि का स्वामी शनि है । इस राशि की आकृति कंधे पर घड़ा लिए पुरुष की है । । इसका स्वभाव स्थिर है । कुंभ राशि की प्रकृति क्रूर है । इस राशि का तत्व वायु है ,गुण तमोगुणी है जाति शूद्र है । यह दिन में बली होता है । यह पश्चिम दिशा की स्वामी है । यह राशि त्रिधातु प्रकृति की है।शरीर में पिंडली एवं आंतों पर होने वाले सभी क्रियाओं का असर इसी राशि से

देखा जाता है। यह एक सजल राशि है । इस राशि के जातकों में शिल्पचातुर्य ,वैज्ञानिकता , अन्वेषणशीलता आदि गुण होते हैं। यदि कुंभ राशि में जन्म हो तो मनुष्य दानी ,कृतज्ञ ,हाथी घोड़ा और धन का स्वामी ,शुभ दृष्टि एवं सदैव कोमल स्वभाव वाला, धन और विद्या हेतु प्रयत्नशील , पुत्र से युक्त , स्नेह युक्त ,यशस्वी अपनी शक्ति से धन का उपभोग करने वाला और निर्भीक होता है । इस राशि वालों के लिए सूर्य बाधक ग्रह होता है । सिंह राशि बाधक राशि होती है और शुक्र इनके लिए शुभ ग्रह होते हैं।

वर्ष के प्रारंभ में गुरु मकर राशि में रहेंगे । 13 अप्रैल से मीन राशि गोचर करेंगे । 29 जुलाई से गुरु मीन राशि में वक्री होंगे तथा 24 नवंबर से मार्गी हो जाएंगे । इसी प्रकार शनि 28 अप्रैल को कुंभ राशि में प्रवेश करेंगे । 5 जून से शनि वक्री होंगे तथा 12 जुलाई को मकर में प्रवेश करेंगे । 13 अक्टूबर से शनि मकर राशि में मार्गी हो जाएंगे । राहु 11 अप्रैल को अपनी उच्च राशि वृष से वक्री चाल चलते हुए मेष राशि में प्रवेश करेंगे तथा पूरे वर्ष भर मेष राशि में ही रहेंगे।

अन्य ग्रह जैसे सूर्य मंगल शुक्र आदि महीने के अनुसार बदलते रहें ।

कुंभ राशि के जातकों का अप्रैल तक वार्षिक भविष्यफल सामान्य कहा जा सकता है अप्रैल महीने के बाद यह काफी अच्छा हो जाएगा।

धन उपार्जन:- जनवरी और दिसंबर के महीने में आपके पास धन की आवक हो सकती है । इसके उपरांत मार्च और अप्रैल में आपके पास आने वाला धन सामान्य धन कहा जा सकता है । परंतु मई और जून के महीने में आपके पास धन की आवक काफी अच्छी हो जाएगी । जुलाई , अगस्त , सितंबर और अक्टूबर के महीने में यह सामान्य रहेगी । पुनः नवंबर और दिसंबर के महीने में आपके पास धन की आवक बहुत तेजी के साथ बढ़ेगी । वर्ष भर आपके खर्चों में कमी रहेगी । परंतु नवंबर और दिसंबर में आप के खर्चे विशेष रूप से कम हो जाएंगे । इस प्रकार यह

कहा जा सकता है कि धन धान्य के मामले में वर्ष 2022 आपके लिए अच्छा है।
उपाय-घर से निकलने के पहले अपने माता पिता का आशीर्वाद अवश्य प्राप्त करें।

कैरियर-बर्ष 2022 में अप्रैल महीने से आपके कैरियर में एक बड़ा उछाल आएगा । इस प्रकार अप्रैल मई-जून महीने में आपका कैरियर ठीक चलेगा जुलाई अगस्त और सितंबर के महीने में कार्यालय में आपकी स्थिति सामान्य रहेगी इसके उपरांत अक्टूबर , नवंबर और दिसंबर आपके कैरियर का ग्राफ ऊंचाई की तरफ जाएगा।
उपाय-आपको चाहिए कि आप शनिवार के दिन शनि मंदिर में जाकर शनि देव की आराधना करें ।

भाग्य -वर्ष 2022 में कुंभ राशि के जातकों का भाग्य सामान्य । अक्टूबर और नवंबर माह में आपको अपने भाग्य से मदद मिलेगी। सेक्सी 12 साल के बाकी दिनों में आपको अपने परिश्रम पर विश्वास करना पड़ेगा अर्थात आप जितना परिश्रम करेंगे उतना ही आपको फल प्राप्त होगा । ज्यादा रिस्क वाले कार्य आपको एवाइड करना चाहिए । उपाय -हीरे या अमेरिकन डायमंड की अंगूठी पहने।

परिवार-इस वर्ष 9 अप्रैल तक आपके माताजी का स्वास्थ्य थोड़ा खराब रहेगा । पिताजी का स्वास्थ्य भी नरम गरम रह सकता है। अप्रैल के बाद आपका अपने भाई बहनों से संबंध खराब हो सकता है । उनका सहयोग आपको प्राप्त नहीं होगा । जून और जुलाई के महीने में आप के संतान की उन्नति हो सकती है । पारिवारिक रूप से यह वर्ष आपके लिए कोई बहुत अच्छा नहीं है ।
उपाय-काले कुत्ते को रोटी खिलाएं।

स्वास्थ्य:- अप्रैल माह से आपका स्वास्थ्य पूरे वर्ष भर अच्छा रहेगा बीच-बीच में थोड़ा स्वास्थ्य खराब हो सकता है । आपको चाहिए कि आप अपने स्वास्थ्य के प्रति जून और जुलाई महीने में सतर्क रहें। अप्रैल माह के पहले आपका स्वास्थ्य सामान्य रहेगा । आपके जीवन साथी का स्वास्थ्य अप्रैल-मई महीने में थोड़ा खराब हो सकता है। उपाय-आपको चाहिए कि आप शनिवार के दिन दक्षिण मुखी हनुमान जी के मंदिर में जाकर कम से कम 3 बार हनुमान चालीसा का जाप करें।

व्यापार:- जनवरी और दिसंबर के महीने में आपका व्यापार बहुत अच्छा रहेगा । इसके अलावा जुलाई का महीना भी आपके व्यापार के लिए अच्छा है । मई और जून का महीना भी व्यापार की दृष्टि से ठीक प्रतीत होता है । इसके अलावा बाकी सभी महीने व्यापार की दृष्टि से सामान्य है । आप को बहुत सतर्क होकर के वर्ष 2022 में व्यापारिक कार्य करना चाहिए। उपाय-आपको चाहिए क्या आप बुधवार को गाय को हरा चारा खिलाएं।

विवाह:- इस वर्ष आपकी कुंडली के गोचर में विवाह के अच्छे योग नहीं है परंतु अप्रैल और सितंबर के महीने में अगर आपकी विंशोत्तरी दशा में विवाह के योग हैं तो विवाह तय हो सकता है । अप्रैल माह मे आपको विवाह में कोई व्यक्ति बाधा उत्पन्न कर सकता है। उपाय-किसी विद्वान ब्राह्मण से शनि की शांति का उपाय करवाएं।

मकान कार जमीन आदि:- जून और जुलाई के महीने में तथा नवंबर के महीने में मकान का आदि खरीदने का योग है। इस वर्ष आपकी कुंडली में सुख की वस्तुएं खरीदने का बहुत अच्छा योग नहीं है। आपको इन वस्तुओं को खरीदने के लिए थोड़ा इंतजार करना पड़ सकता है। उपाय- आपको चाहिए कि आप गरीब लोगों को चावल का दान दें।

वार्षिक उपाय-ऊपर हर विषय पर अलग-अलग उपाय दिए गए हैं । ये उपाय केवल उस विषय विशेष के लिए ही हैं । जैसे कि अगर आप मकान खरीदना चाहते हैं और मकान खरीदने का कार्य नहीं कर पा रहे हैं तो आपको गरीबों के बीच में चावल का दान देना है।

अपने संपूर्ण कष्टों के निवारण के लिए आपको चाहिए कि आप इस वर्ष भगवान शिव का जल और दूध से महीने के प्रथम सोमवार को अभिषेक करें ।

मां शारदा से मेरी प्रार्थना है आप सभी स्वास्थ्य सुखी और संपन्न रहें । जय मां शारदा।

निवेदक:-

पण्डित अनिल कुमार पाण्डेय
सेवानिवृत्त मुख्य अभियंता
एस्ट्रो साइंटिस्ट और वास्तु शास्त्री
स्टेट बैंक कॉलोनी मकरोनिया
सागर। 470004
मो 7566503333

मीन राशि के जातकों का वर्ष 2022 का वार्षिक राशि फल।

मीन राशि राशि चक्र की 12वीं राशि है। पूर्वाभाद्रपद नक्षत्र का अंतिम एक चरण , उत्तराभाद्रपद नक्षत्र के चारों चरण तथा रेवती नक्षत्र के चारों चरण मिलकर मीन राशि का निर्माण करते हैं । इस राशि का स्वामी गुरु है । इस राशि की आकृति मुंह एवं पूंछ से जुड़ी दो मछलियों जैसी होती है । इसका स्वभाव द्विस्वभाव है । मीन राशि की प्रकृति सौम्य है । इस राशि का तत्व जल है ,गुण सात्विक है जाति ब्राम्हण है । यह दिन और रात्रि में बलि होती है । यह उत्तर दिशा की स्वामी है । यह राशि कफ प्रकृति की है।शरीर में पैर और एड़ी पर होने वाले सभी क्रियाओं का असर इसी राशि से देखा जाता है। यह एक सजल राशि है । इस राशि के जातक परोपकारी दयालु एवं दानी होते हैं । । मीन राशि में उत्पन्न

व्यक्ति गंभीर चेष्टा करने वाला , शक्तिशाली , बोलने में चतुर , मनुष्य में श्रेष्ठ , क्रोधी , कृपण , ज्ञान संपन्न , श्रेष्ठ गुणों से युक्त , कुल में प्रिय , नित्य सेवा भाव रखने वाला , शीघ्र गामी , नृत्य गीत आदि में कुशल , शिव दर्शन वाला तथा भाई बंधुओं का प्रेमी होता है । इरा राशि वालों के लिए शुक्र बाधक ग्रह होता है । वृष राशि बाधक राशि होती है और चंद्रमा इनके लिए शुभ ग्रह होते हैं।

वर्ष के प्रारंभ में गुरु मकर राशि में रहेंगे । 13 अप्रैल से मीन राशि गोचर करेंगे । 29 जुलाई से गुरु मीन राशि में वक्री होंगे तथा 24 नवंबर से मार्गी हो जाएंगे । इसी प्रकार शनि 28 अप्रैल को कुंभ राशि में प्रवेश करेंगे । 5 जून से शनि वक्री होंगे तथा 12 जुलाई को मकर में प्रवेश करेंगे । 13 अक्टूबर से शनि मकर राशि में मार्गी हो जाएंगे । राहु 11 अप्रैल को अपनी उच्च राशि वृष से वक्री चाल चलते हुए मेष राशि में प्रवेश करेंगे तथा पूरे वर्ष भर मेष राशि में ही रहेंगे।

अन्य ग्रह जैसे सूर्य मंगल शुक्र आदि महीने के अनुसार बदलते रहेंगे।

धन उपार्जन:-जनवरी और फरवरी के महीने में आने का उत्तम योग है इसके उपरांत अप्रैल के बाद गलत रास्ते से धन आएगा । जुलाई और अगस्त में भी थोड़े धन आने की संभावना है। सितंबर के महीने में धन आने में काफी कमी रहेगी । इस वर्ष आपको धन की कमी सदा ही महसूस होगी । जबकि अप्रैल के महीने तक आपके द्वारा काफी रकम खर्च होगी।

उपाय-आपको प्रातः काल स्नान करने के उपरांत तांबे के पात्र में जल लेकर भगवान सूर्य को जल अर्पण करना चाहिए।

कैरियर:- अप्रैल के महीने से आपके कैरियर में बहुत तेजी से उछाल आएगा यह भी संभव है कि आपका प्रमोशन हो या आपको अतिरिक्त प्रभार मिल जाए इस दौरान आपके अधिकारी आप पर अपनी विशेष कृपा दृष्टि रखेंगे आपको इस समय का अपने कैरियर को आगे बढ़ाने में

पूरी तरह से इस्तेमाल करना चाहिए इसमें थोड़ा सा आपको जुलाई-अगस्त सितंबर और अक्टूबर के महीने में परेशानी महसूस हो सकती है परंतु यह परेशानी अस्थाई होगी। इसी दौरान आपके पास धन की अच्छी आवक हो सकती है जो कि खराब रास्ते से प्राप्त होगी। उपाय-आपको गुरुवार को व्रत रखना चाहिए और उसी दिन सुंदरकांड का पाठ भी करना चाहिए।

भाग्य:-जनवरी माह में आपका भाग्य आपका बहुत साथ देगा । इसके उपरांत सितंबर और अक्टूबर के महीने में भी आपको भाग्य से काफी मदद मिलेगी अप्रैल मई-जून के महीने में भी आपको भाग्य से फायदा मिल सकता है । वर्ष के अंत में भी आपका भाग्य आपका काफी साथ देगा। अगर आपकी कुंडली में शनि की स्थिति अच्छी है तो मई जून-जुलाई में आपका भाग्य बहुत ही अच्छा रहेगा। इस प्रकार हम कह सकते हैं कि आपको भाग्य से जनवरी अप्रैल मई-जून जुलाई अगस्त सितंबर अक्टूबर के महीनों में मदद मिलेगी। उपाय-मंगलवार का व्रत रखें और मंगलवार को ही हनुमान जी के मंदिर में जाकर हनुमान जी की पूजा करें।

परिवार-परिवार का आशय व्यक्ति का अपना परिवार तथा उसके भाई बहन और माता-पिता होते हैं । आपका इस वर्ष के प्रारंभ में अपने भाई बहनों से संबंध ठीक नहीं रहेगा । वर्ष के मध्य में एवं अंत में इसमें थोड़ा सुधार होगा । आपका अपने संतान से अप्रैल के महीने के उपरांत अच्छा सहयोग मिलेगा । आपकी संतान को इस अवधि में प्रमोशन इत्यादि भी मिल सकता है । अगर संतान अभी पढ़ रही है तो उसको परीक्षा में अच्छे नंबर प्राप्त होंगे । आपके माता-पिता के लिए यह समय सामान्य है। उपाय-आपको चाहिए कि आप चींटियों को शक्कर दे।

स्वास्थ्य-वर्ष के प्रारंभ में आपके पैर या पेट में कोई रोग हो सकता है । वर्ष के मध्य और अंत में आपका स्वास्थ्य उत्तम रहेगा। यह भी संभव है कि किसी कारण बस आपके शरीर से खून बाहर आए जैसे कि आपका कोई ऑपरेशन हो या कोई एक्सीडेंट हो आदि। आपके जीवन साथी का स्वास्थ्य भी पूरे वर्ष भर ठीक-ठाक रहेगा। इस प्रकार कह सकते हैं कि स्वास्थ्य के मामले में यह वर्ष आपके लिए सामान्य है।

उपाय-आपको चाहिए कि आप विद्वान ब्राह्मणों से गणेश अथर्वशीर्ष का पाठ करवाएं।

व्यापार-इस वर्ष व्यापार में आपको अच्छा लाभ होगा । कोई नया व्यापार भी प्रारंभ हो सकता है । व्यापार की दृष्टि से अप्रैल मई सितंबर अक्टूबर के महीने काफी अच्छे हैं इस वर्ष आपको सरकार से भी काफी मदद मिलेगी ।

उपाय-आपको चाहिए कि आप शुक्रवार को गरीब लोगों को कपड़ा या चावल का दान दें।

विवाह-वर्ष 2022 के अप्रैल माह से अविवाहित जातकों के विवाह के बहुत अच्छे अच्छे प्रस्ताव प्राप्त होंगे । आपको चाहिए कि आप इन प्रस्तावों पर उचित कार्रवाई तत्काल करें । विशेषकर अप्रैल-मई तथा सितंबर अक्टूबर नवंबर और दिसंबर के महीने में इस तरह के प्रस्ताव भारी मात्रा में आएंगे । अगर आपकी विंशोत्तरी दशा ठीक है तो विवाह तय भी हो जाएगा।

उपाय -आपको चाहिए कि घर की बनी पहली रोटी गौ माता को खिलाएं।

मकान-जुलाई और दिसंबर के महीने में आपके पास मकान जमीन कार आज खरीदने का अच्छा शुभ अवसर प्राप्त होगा । परंतु इस वर्ष इस तरह के बड़े खर्चे होने की उम्मीद कम है।

उपाय-आपको चाहिए कि आप गाय को हरा चारा खिलाएं।

वार्षिक उपाय-ऊपर हर विषय पर अलग-अलग उपाय दिए गए हैं । ये उपाय केवल उस विषय विशेष के लिए ही हैं । जैसे कि अगर आप मकान खरीदना चाहते हैं और मकान खरीदने का कार्य नहीं कर पा रहे हैं तो आपको घर की बनी पहली रोटी गौ माता को खिलानी है।

अपने संपूर्ण कष्टों के निवारण के लिए आपको चाहिए कि आप इस वर्ष गणेश अथर्वशीर्ष का पाठ प्रतिदिन करें ।

मां शारदा से मेरी प्रार्थना है आप सभी स्वास्थ्य सुखी और संपन्न रहें । जय मां शारदा।

निवेदक:-

पण्डित अनिल कुमार पाण्डेय

सेवानिवृत्त मुख्य अभियंता

एस्ट्रो साइंटिस्ट और वास्तु शास्त्री

स्टेट बैंक कॉलोनी मकरोनिया

सागर। 470004

मो 7566503333